JN183146

相対的剥奪の社会学

不平等と意識のパラドックス

石田 淳 ──［著］

東京大学出版会

A SOCIOLOGY OF RELATIVE DEPRIVATION
Paradoxes of Inequality and Perception
Atsushi ISHIDA
University of Tokyo Press, 2015
ISBN 978-4-13-056108-2

目　　次

第 1 章　本書の目的 —————————————————————— 1

第 I 部　相対的剥奪指数の導入

第 2 章　相対的剥奪概念の発見と展開 —————————————— 7
　2.1　スタウファーらの『アメリカ兵』　7
　2.2　マートンの貢献　9
　2.3　昇進機会と相対的剥奪　12
　2.4　ランシマン条件　15
　2.5　サルの相対的剥奪　18

第 3 章　ジニ係数と相対的剥奪指数 ——————————————— 21
　3.1　所得分布の導入　21
　3.2　ジニ係数　24
　　3.2.1　ローレンツ曲線　24
　　3.2.2　ローレンツ曲線の評価指数としてのジニ係数　27
　　3.2.3　絶対ジニ係数と共分散との関連　28
　　3.2.4　ばらつきの指数としてのジニ係数　30
　3.3　イツハキの相対的剥奪指数　32
　　3.3.1　個人的相対的剥奪指数　33

3.3.2　社会的相対的剥奪指数　36
　　　3.3.3　相対的満足指数　38
　　　3.3.4　イツハキの相対的剥奪指数の特徴　40
　　　3.3.5　イツハキ以後の研究　41
　3.4　昇進機会と相対的剥奪再訪　42

第II部　相対的剥奪の歴史社会学

第4章　平等化と相対的剥奪のパラドックス ——— 51
　4.1　トクヴィルの『アメリカのデモクラシー』　51
　　　4.1.1　諸条件の平等　51
　　　4.1.2　奇妙な憂鬱　52
　　　4.1.3　職業評価の一元化　55
　　　4.1.4　個人主義化　56
　4.2　階級障壁の消滅による相対的剥奪の上昇　59
　　　4.2.1　所得階級がある場合の相対的剥奪指数　59
　　　4.2.2　第1パラドックス定理　62
　　　4.2.3　ベータ分布を用いた数値計算例　66
　4.3　準拠集団による相対的剥奪低減効果　68
　　　4.3.1　集団間相対的剥奪　69
　　　4.3.2　準拠集団がある場合の相対的剥奪指数　71
　4.4　デモクラシーの代償としての相対的剥奪　75

第5章　経済成長と相対的剥奪のパラドックス ——— 77
　5.1　デュルケムの「アノミー的自殺」　77
　5.2　経済成長と幸福のパラドックス　80
　　　5.2.1　不幸な成長パラドックス　80
　　　5.2.2　チャイナ・パズル　82
　5.3　経済成長による相対的剥奪の上昇　85

　　　　5.3.1　社会的相対的剥奪指数の基本的トレンド　85
　　　　5.3.2　チャイナ・パズルの「解」　87
　5.4　経済成長と平等化による相対的剥奪の上昇　89
　　　　5.4.1　強パラドックス定理　89
　　　　5.4.2　強パラドックス定理の解釈と注意点　92
　5.5　イースタリン・パラドックスについての注釈　96
　5.6　経済成長の負の影響としての相対的剥奪　101

第 III 部　相対的剥奪の計量社会学

第 6 章　相対的剥奪と準拠集団の計量モデル ―――― 107
　6.1　問題の所在　107
　6.2　他者比較モデルの導入　110
　　　　6.2.1　分析枠組み　110
　　　　6.2.2　3 つの他者比較モデル　111
　　　　6.2.3　対数正規分布を仮定した場合の指数　113
　6.3　収入満足感の分析　116
　　　　6.3.1　変　数　116
　　　　6.3.2　基本分析　118
　　　　6.3.3　重回帰分析　120
　6.4　生活満足感の分析　123
　　　　6.4.1　変　数　123
　　　　6.4.2　基本分析　124
　　　　6.4.3　重回帰分析　124
　6.5　結　論　126

第 7 章　所得分布イメージ上の相対的剥奪 ―――― 131
　7.1　問題の所在　131
　7.2　分析データの概要　134

7.3 　人はどのような基準で準拠集団を選択するか　135
7.4 　人はどのような所得分布イメージをもつのか　137
　　7.4.1　所得分布イメージの基礎集計　137
　　7.4.2　所得分布イメージの平均とジニ係数　138
　　7.4.3　所得分布イメージ上の個人的相対的剥奪指数　140
7.5 　所得分布イメージ上の相対的剥奪と主観的幸福感　144
7.6 　結　論　148

第8章　機会不平等に起因する相対的剥奪の測定　151

8.1 　問題の所在　151
8.2 　機会平等の原則　153
　　8.2.1　ローマーの機会平等政策モデル　153
　　8.2.2　仮想的機会調整分析　157
8.3 　機会不平等に起因する相対的剥奪による分解　160
8.4 　IEO-RD による分解法の分析例　164
　　8.4.1　人種による所得についての機会不平等に起因する相対的剥奪　164
　　8.4.2　性別と父親の教育レベルによる教育達成についての機会不平等に起因する相対的剥奪　168
8.5 　分解法の特性　172

付録A　微分・積分の基礎　175

A.1 　微分の導入のための準備　175
　　A.1.1　関　数　175
　　A.1.2　関数の極限と連続性　176
A.2 　微　分　177
　　A.2.1　微分係数　177
　　A.2.2　導関数　178
　　A.2.3　導関数の基本定理　179

        A.2.4　関数の挙動，対数関数・指数関数の導関数　　180
　A.3　　積　分　　182
        A.3.1　区分求積法　　183
        A.3.2　リーマン和の極限値としての定積分　　184
        A.3.3　定積分と微分の関係　　186
        A.3.4　不定積分の計算　　187
        A.3.5　定積分の計算　　189

文献一覧　　191

あとがき　　205

索　引　　207

第1章
本書の目的

　他人と自分の境遇を比較したときに感じる欠乏感や不満のことを「相対的剥奪 (relative deprivation)」と呼ぶ．

　社会科学における説明概念として，相対的剥奪の概念とその理論が明確な形で示されたのは，サミュエル・スタウファーらによる第2次世界大戦時の従軍兵の包括的研究『アメリカ兵』(Stouffer et al. 1949) がその嚆矢であるが，そのアイデアは19世紀の社会学の古典期にまでさかのぼることができる．この概念は，個人と集団（ミクロとマクロ），意識と状況（主観と客観）といったコンセプトを内包し，一見逆説的な経験的知見を説明するものであり，そうした意味で相対的剥奪はきわめて社会学的な概念・理論である．

　その後，相対的剥奪の考え方は「社会学的常識」の1つとして登録され，いまや社会学の基本概念の1つと見なされている．そして，さまざまな社会現象の意味を解釈するために，かなり手軽に用いられている．しかしながら，相対的剥奪の理論化の試み，とくにフォーマルな理論構築の試みは散発的なレベルで終わっており，体系的な理論枠組みが得られているとは言いがたい．

　「比較における不満」というコンセプトは，経済的不平等や幸福といった社会学からさらに広がりを持つ問題関心へとつながる可能性を持っている．しかしながら，これまでそのことに自覚的に相対的剥奪論を体系的に構築する試みはほとんど見られなかった．一方で，グローバル化による経済不平等の進展とそれに対する異議申し立て運動の高まりや，BRICsといわれる新興国での急激な経済発展という状況の中で，あらためて人間の幸福の意味が

問い直されている現状にあって，相対的剥奪論の重要性はますます高まりつつある．

そこで本書では，経済的不平等指数との関連から相対的剥奪をモデル化したシュロモ・イツハキの研究 (Yitzhaki 1979) に注目して，イツハキの相対的剥奪モデルと相対的剥奪指数を応用することで，1 つの「相対的剥奪の社会学」を確立することを目的とする．そのことによって，この古典的な社会学概念を「分析に使える道具」として体系的・統一的な形で現代的に蘇らせることを目的とする．

イツハキの相対的剥奪指数は，ミクロ・レベルでの明確な剥奪の定義に基づく指数であること，数理・計量的に取り扱いやすく応用しやすいこと，そして何より，不平等指数としてよく知られたジニ係数との対応が明確になされていることから，その後少なくない理論的・経験的研究において取り上げられ，理論と実証の両面から応用が展開されている．イツハキの相対的剥奪指数は，これまでのところ主に不平等指数との関連や指数の公理的構成といった観点から理論経済学者によって取り上げられており，近年では社会疫学調査データの分析や労働移民の実証研究にも応用されている．しかしながら，このイツハキ指数を応用することによって豊富な社会学的インプリケーションをくみ出しうるにもかかわらず，社会階層や社会的不平等，そして社会意識研究などの社会学分野における応用は限られている．

そこで本書では，イツハキの相対的剥奪モデルと指数の特性を十分に生かして，ミクロとマクロの両面，そして数理モデルを用いた理論と経験的データの分析による計量の両面から，相対的剥奪の社会学を展開することを目指す．そのために，第 I 部「相対的剥奪指数の導入」においてイツハキの相対的剥奪指数を詳細に導入するとともに，第 II 部「相対的剥奪の歴史社会学」ではこの指数を用いて「近代化と社会意識」という社会学の主要な問題関心の 1 つについて歴史社会学的なインプリケーションを引き出すこと，第 III 部「相対的剥奪の計量社会学」においては経験的データを用いて人々の意識形成メカニズムについて計量社会学的なインプリケーションを引き出すとともに，機会不平等という観点から相対的剥奪を分解するという分析のアイデ

アを提示することを目指す．

具体的な各章の内容は以下の通りである．

第Ⅰ部2章において，スタウファーらによる相対的剥奪概念の議論からさかのぼって，イツハキの相対的剥奪指数に続く相対的剥奪研究の流れをまとめる．続く3章では，ジニ係数との関連で相対的剥奪モデルと指数を数理的に詳細に導入する．

第Ⅱ部4章では，アレクシス・ド・トクヴィルの『アメリカのデモクラシー』における「奇妙な憂鬱」に関する議論から出発して，平等化という近代化の1つのベクトルに付随する相対的剥奪の高まりを「平等化と相対的剥奪のパラドックス」として定式化し，イツハキの相対的剥奪モデルによってそのメカニズムを解明する．続く5章では，エミール・デュルケムの「アノミー的自殺」の概念，そして近年主観的幸福研究で指摘される「不幸な成長パラドックス」の議論を踏まえ，経済発展による相対的剥奪の高まりを「経済成長と相対的剥奪のパラドックス」として捉え，相対的剥奪モデルによる解明を目指す．

第Ⅲ部6章では，イツハキのミクロ・レベルでの個人的相対的剥奪指数とその関連指数を，日本の社会階層調査データ（SSM調査データ）の分析に応用し，準拠集団を仮定した相対的剥奪の程度が，収入や生活の満足感に実際に影響を与えているかどうかを検証する．続く7章は，6章の知見を補完する形で，実験的なインターネット調査データから，人々が実際にイメージする所得分布の特性と，所得分布イメージから構成される相対的剥奪が幸福感に与える効果を検証する．最後に，いかなる相対的剥奪を社会的に優先して解消すべきかという問いに答えるために，8章では，相対的剥奪指数の発展の1つとして，機会の平等に関する規範理論をベースにして，相対的剥奪を「機会の不平等に起因する剥奪」とそうでない剥奪に分解する手法を提案し，アメリカのコミュニティ調査と日本のSSM調査データを用いた分析例を示す．

これらの各章では，基本的にすべてイツハキによる相対的剥奪指数を用いて，数理モデルの展開と計量分析を一元的に行っている．そのことによっ

て，ミクロ・マクロ・レベルというターゲットの水準をまたぎ，かつ数理モデルと計量分析という手法の違いをまたぐ研究の一貫性と体系性を確保している．しかし，この一元性・体系性は，見方を変えれば，分析の「一面性」という弱点とも映る．読者は，イツハキの相対的剥奪指数とその応用において考慮されていない，さまざまな要素や次元を見いだすことになるだろう．例えば，比較されるものとして，主に所得を念頭に置いた一次元のみが考慮されていることや，比較対象として主として現在の他者が想定されていること，などである．しかし，本書ではあえてイツハキの相対的剥奪指数に禁欲して一元性を維持した．これにより，他の要因を動かさずに，一元的な相対的剥奪のみを考慮した場合にどこまでのことが言えるかという「偏微分的な分析」が可能になるのであり，このことはむしろ本書の強みとなっていると考えられる．他の要因を考慮したモデルの複雑化は，本書の射程を超えた次なる課題である．

　本書は，このような分析戦略のために，相対的剥奪指数に関する詳細かつ丁寧な数学的導入と展開を行っている．勘のいい読者にとってみれば，「直感的に直ちに分かること」を回りくどく述べているだけと批判的に捉えられるかもしれない．また，一定の数学的知識を持った読者にとっては，説明が冗長にすぎると感じられるかもしれない．しかしながら，「直感」というその人の天賦の才や，学習された非明示的なコンテキストに頼ることなく，誰にでもその知識にアクセスし，場合によっては批判的な再検討やさらなる展開に結びつけていくということが，知の科学的発展のためには何より不可欠である．そこで本書では，あえて回りくどいと感じるレベルまで数学的導入と展開を行い，知の「オープン・アクセス」を目指した．本書で使われる数学をフォローする際の基礎知識は，基本的に高校レベルの微分・積分を超えるものはないので，文系の学部生・院生にも一定の努力で十分フォローできるようになっている．本書を読み解くのに最低限必要になる微分・積分の知識は巻末に数学付録としてまとめたので，必要に応じて参照されたい．

第Ⅰ部

相対的剝奪指数の導入

第2章
相対的剥奪概念の発見と展開

本章では,イツハキの研究以前の近代的な**相対的剥奪** (relative deprivation) 概念の導入と発展の歴史を振り返る.

2.1 スタウファーらの『アメリカ兵』

スタウファーらによる『アメリカ兵——軍隊生活への適応 (*The American Soldier: Adjustment During Army Life*)』は,『第2次世界大戦における社会心理学研究シリーズ (*Studies in Social Psychology in World War II*)』の第1巻として1949年に刊行された.このシリーズは,陸軍省情報教育局調査部 (the Research Branch, Information and Education Division, War Department) による米軍従軍者に対する大規模かつ科学的な調査研究の成果として編まれたものである[*1].そして,この研究は現代的な相対的剥奪論の出発点となった画期的なアイデアを含んでいる.

「相対的剥奪」概念は,軍隊生活への適応にかんする経験的知見を,一般的な形式で説明するときの重要な概念の1つとして提案された (Stouffer et al. 1949: 52).スタウファーらは従軍態度や軍隊生活への適応と,婚姻状況,年齢,学歴に代表されるそれぞれの兵士のプロフィールとの関連をデータから詳細に検討している.そのなかでスタウファーらは,兵士のプロフィールご

[*1] スタウファーの研究者としての経歴と,スタウファーが主導した従軍者調査研究については,Ryan (2010) が詳しい.

との「積極的従軍率」（志願した者と徴兵猶予を望まなかった者の割合）にある種の傾向性が見られることを発見した (Stouffer et al. 1949: 124)．具体的には，年齢が低ければ低いほど，また既婚に比べて未婚の方が，さらに高卒でない者に比べて高卒の方が，積極的従軍率が高くなることを見いだした．

こうした兵士のプロフィールによる従軍態度の違いを説明するために，一般的な概念として「相対的剥奪」が導入された．しかし，概念についての明示的な定義が提示されることはなく，その代わりに，間接的にほかの社会学的概念との関連性が指摘される．

> このアイデア（相対的剥奪のこと，引用者注）は，「社会的準拠枠 (social frame of reference)」，「期待の型 (patterns of expectation)」，あるいは「状況の定義 (definitions of the situations)」といったよく知られた社会学的概念と関連があり，一部それらの概念を含んでいるように思われる (Stouffer et al. 1949: 125)．

そしてまた次のようにも指摘される．「兵士になることは，多くの人にとっては大きな剥奪として経験される．しかし，**比較する基準の違いによって**，何かを犠牲にしているという感情は，ある人にとっては他の人に比べてより強くなる」(Stouffer et al. 1949: 125, 強調原文)．その上で，プロフィールによる積極的従軍率（消極的従軍率）の違いが説明される．具体的には，婚姻状況による違いが以下のように説明される．

> 軍隊にいる**未婚の同僚と自分を比べれば**，彼らよりも自分の方が召集のためにより大きな犠牲を要求されたと思うし，**結婚してまだ民間にいる友人と自分を比べれば**，自分は犠牲を求められているのに，彼らは全く免れていると思う．だから平均していえば，既婚者は未婚者よりも，いやいやながらに，また時によると不公平だという感じを抱きつつ，入隊することが多い (Stouffer et al. 1949: 125, Merton 1957=1961: 225, 強調マートンによる)．

このように,「相対的剥奪」は「何らかの参照枠における比較の結果生じる剥奪」を意味する概念として,兵士のプロフィールによる態度の違いを解釈するための概念道具として導入された[*2].

2.2 マートンの貢献

スタウファーらの研究の後,「中範囲理論」の提唱者として知られるロバート・マートンは,比較対象としての**準拠集団** (reference group) と相対的剥奪概念を明示的に結びつけることによって,議論を整理した (Merton 1957=1961)[*3].マートンのここでの目的は,「(アメリカ軍) 調査部が心理学的立場から分析した資料を機能的社会学の立場から補足し有効に修正する」(Merton 1957=1961: 208) ことによって,『アメリカ兵』のさまざまな知見を社会理論として抽象化・一般化することにあった.

マートンは,相対的剥奪概念を正式に規定する代わりに,『アメリカ兵』においてこの概念や類似概念が知見の説明に使用されている9つの事例を収集して検討し,相対的剥奪概念が,パラドキシカルな知見を解釈するための媒介変数 (interpretative intervening variable) として用いられていることを指摘している (Merton 1957=1961: 210–1).つまり,独立変数たる地位・属性と,感情・態度という従属変数との一見矛盾するような連関を媒介するものとして,相対的剥奪概念が導入される.その解釈の基本図式は以下の通りである.

> 既婚者(独立変数)は自分の召集されたことの正当性を疑問視することが多いが(従属変数),これは当人が他の既婚者で召集を免れ民間に

[*2] 婚姻状況の違いについてだけではなく,スタウファーらは年齢・学歴の違いについても相対的剥奪という観点からの解釈を試みている.この事例についてのスタウファーらの解釈については,髙坂 (2010a) が詳しく検討している.

[*3] 初出は,アリス・キット(ロッシ)との共同研究として Merton & Kitt (1950) として発表された.また,Merton (1957=1961) の翻訳では "relative deprivation" は「相対的不満」と訳されているが,ここでは「相対的剥奪」で統一する.

いる者と比べたり，召集を受けて軍隊に入っても未婚のためそれ程の犠牲を必要としない者と比べたりして，そこから得られる準拠枠（解釈変数）の内部で状況を評定するからである (Merton 1957=1961: 212).

ここでのマートンの説明は，3重クロス表による「エラボレーション」を想定していると思われる[*4]．エラボレーションでは，独立変数と従属変数の連関を，第3変数による層別（コントロール）によって吸収できるかどうかで，媒介的な因果関係の存在を検討することができるとされる[*5]．

ここでは本書の今後の議論と関連させるために，「媒介変数としての相対的剥奪」をもっともシンプルなモデルとして以下のように解釈しよう．兵士の感じる不満・剥奪感を変数 d，兵士の地位・属性（のベクトル）を x とする．x と d の連関が観察されたとき，考えうるモデルとしては，x を条件とする何らかのメカニズム f によって，d が決まるというものであり，f を関数として

$$f : x \mapsto d, \quad d = f(x) \tag{2.1}$$

と記述することができる．例えば，x が（何らかの順序尺度上で）高ければ高いほど，d が低くなるというモデルである．しかしながら，このような単変数モデルではストレートに説明できない事例が出てくる．婚姻状況と従軍自発性の関係などは1つの典型例である．このとき，第3の変数として「準拠枠」または「準拠集団」を r として導入するモデルを考える．具体的には，r は x の関数であると想定する．つまり，$r = g(x)$．そして，r と x によって d が決定されると想定する．つまり，

$$g : x \mapsto r, \quad r = g(x), \tag{2.2}$$
$$\varphi : (x, r) \mapsto d, \quad d = \varphi(x, r) \tag{2.3}$$

[*4] 事実，Merton & Kitt (1950) と同じ論集に収められている Kendall & Lazarsfeld (1950) では，兵士の属性と入隊の自発性の連関を相対的剥奪によって説明している事例を取り上げ，エラボレーションにより分析している．

[*5] エラボレーションについて日本語で書かれた解説としては，原・海野 (2004) を参照のこと．

というモデルが，もっとも一般的な相対的剥奪モデルである，ということになる．

この相対的剥奪モデルでは，準拠集団がいかに選択されるか（関数 g），準拠集団 r が何かということが，属性 x と意識 d との関連性に重大な意味を持つ．そして，マートンは「相対的剥奪」概念の「相対的」という要素，自己評価のための比較の基準こそが，この概念の要点であると指摘した上で，相対的剥奪は準拠集団論の一特殊概念であると結論付けている (Merton 1957=1961: 216). そして，『アメリカ兵』の各事例で取り上げられる準拠集団を，個人との社会関係の有無（所属集団か非所属集団か）と，社会的地位の同質・異質性によって分類し整理してみせている (Merton 1957=1961: 214).

一方，このモデルからは，経験的な相対的剥奪研究，そして準拠集団論のもつ困難さも浮き彫りになる．多くの場合，人々がどのような準拠集団を選択するかということは直接的には観察できない．『アメリカ兵』での事例もそうであった．そこで，事例の整合的な解釈のために，「彼／彼女は○○という準拠集団を選択したはずだ」という事後解釈が採用される．これはいわば，モデルのデータへの適合度を最大にするために r を動かし，最適な r を見つけ出す，ということに他ならない．ネイサン・グレイザーが，『アメリカ兵』の成果に対して早くから指摘しているように，相対的剥奪論は常に間違わない，反証不可能な理論になる恐れもある (Glazer 1949)[*6]．もっとも，部分的にはこの問題は，最適なパラメータや潜在変数構造をデータから推定する計量モデル全般に共通する問題であるともいえる．この準拠集団選択の検証（反証）問題は，第 III 部での経験的データを用いた分析においても取り上げられる．

このように，マートン（とキット）は，準拠集団論と相対的剥奪概念を明確に結びつけ，相対的剥奪論の発展に大きく寄与したといえる．しかしなが

[*6] マートンはグレイザーに対して，『アメリカ兵』以降の理論と経験的調査の相互交流が見られることを根拠に，1つの研究の中で仮説検証が完結しなくても，理論の価値がそれ自体で減じることはないと相対的剥奪論を擁護している (Merton 1957=1961: 212).

ら，髙坂 (2011) が指摘するように，彼らによって相対的剥奪の明示的な定義が与えられたわけではなく，フォーマルな定式化はさらにそれ以降の研究を待たなければならなかった．

2.3　昇進機会と相対的剥奪

ところで，スタウファーらが相対的剥奪の概念を用いて解釈したデータにはいくつかのものがあるが，その中でもっともよく知られているのが，兵士の昇進に対する評価のデータである (Stouffer et al. 1949: 250–8)[*7]．これは，1944 年に憲兵隊と航空隊に属する入隊後 1 年から 2 年の白人下士官兵を対象に行われた調査項目で，「能力のある兵士は軍隊での昇進機会が大きいとあなたは思いますか」という質問に対して，「大きい／まずまず大きい／どちらともいえない／あまりない／まったくない」の 5 件法によって答えるものである．

それぞれの部隊では，兵士は「ヒラ」の一等兵・上等兵から始まり，下士官へと昇進を果たす．ある集団の中で昇進した下士官の割合を「昇進率」とすると，教育レベルが等しい場合，憲兵隊よりも航空隊の方が昇進率が高い．しかしながら，憲兵隊の兵士の方が昇進機会に好意的な意見が多く，反対に航空隊の兵士の方が批判的な意見が多くなる．また，同じ部隊の中でも，「高校以下の学歴（低学歴）」と「高卒もしくは大学教育（高学歴）」という 2 つの教育レベルで分割すると，いずれの部隊でも高学歴の方が昇進率が高いにもかかわらず，低学歴の兵士の方が昇進機会に好意的な意見が多く，反対に高学歴の兵士の方が批判的な意見が多くなる．

他の調査結果を含めて，スタウファーらは結論的に「相対的に昇進機会の少ない部隊には，昇進機会の大きい部隊よりも昇進機会について好意的に評価する人たちの割合が多い」(Stouffer et al. 1949: 257) という一般的な傾

[*7] マートンも，この昇進機会の事例を主要事例の一つとして詳細に検討している (Merton 1957=1961: 217–21)．また，この事例についての髙坂 (2009, 2010b) による解説も参照のこと．

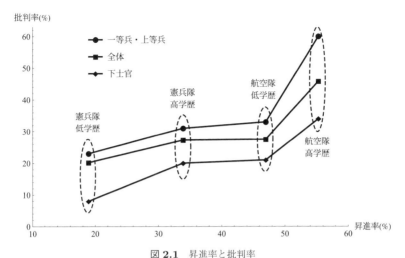

図 2.1　昇進率と批判率
出典:Stouffer et al.（1949: 252, CHART IX）より作成.

向を導き出している.

　ここで,昇進率と昇進機会に対する批判的な意見との関係を明示するために,スタウファーらのデータから,憲兵隊と航空隊という部隊の別と学歴の高低を掛け合わせて 4 つのカテゴリーを作り,それぞれのカテゴリーの昇進率と,質問に対して「あまりない／まったくない」と答えた者の割合（これを,かりに「批判率」と呼ぶ）との関係を散布図として表してみよう（図 2.1）.

　図 2.1 より,憲兵隊・低学歴から航空隊・高学歴まで,集団としての昇進率が上昇し,状況としては明らかに改善しているにもかかわらず,昇進機会に批判的な兵士の割合が増えていくことが分かる.スタウファーらはこの事例について,兵士は「同じボートに乗る仲間」との比較によって期待水準を構成し,それと自らの境遇との比較を通して評価が行われるためである,との解釈を提示している.その上で,「もし,他の多くの兵士が昇進する中で自分は昇進に失敗した場合,その兵士は昇進システムへの批判の表現である個人的な不満を感じるいっそうの理由がある」と述べている (Stouffer et al.

1949: 251).

　このように，スタウファーらは「昇進機会への批判」を，その背後にある「個人の不満」の代理変数と見なしている．後に続く研究も，おおむねこの解釈を継承している．しかしながら，この解釈を採用した場合には，昇進を果たした成功者である下士官のなかにも批判的な意見が見られること，さらに下士官における昇進率と批判率の関連が一等兵・上等兵の場合とパラレルであることの説明ができない．

　スタウファーらのデータから直接検証する術はないものの，このことについては以下のように考えることができるだろう．マートンが指摘するように，ここで焦点となる質問項目は厳密に言えば「制度的な昇進システム」に対する評価であり，その中での「個人の業績についての自己評価」そのものではない (Merton 1957=1961: 220–1)．制度的な昇進システムに対して評価を下す場合には，個人的な体験だけではなく，周囲で見聞きした他者の事例も考慮される．そして，制度評価の参考事例になる他者は，同一の境遇にある他者が選択されるであろうと予想される．そこで，制度に対する批判の程度は準拠集団内の個人の不満を見聞きする頻度に比例すると考えることができるだろう．これが，昇進した下士官とそうでない一等兵・上等兵の両方に共通する批判的評価のベースとなっていると考えられる．そして，昇進に失敗した一等兵・上等兵については，このベースの上に個人的な体験の結果生まれた個人的な不満がプラスされる．これらのことが，昇進率の上昇に対して下士官と一等兵・上等兵の批判的意見の割合（批判率）がパラレルに上昇すること，下士官に比べて一等兵・上等兵の批判的意見の割合がどのカテゴリーでも高くなることを，ある程度整合的に説明すると考えられる．この事例の解釈については，3 章においてイツハキの相対的剥奪指数 (Yitzhaki 1979) を導入した後に，再びフォーマルな形で取り上げることにする．

　この事例では，昇進率という準拠集団の集団特性と，個人の不満，その表れとしての批判的意見の割合（批判率）とのパラドキシカルな関係がパズルとして提示されている．スタウファーらはこれに，準拠集団内での他者比較による不満，つまり相対的剥奪のメカニズムで答えている．しかしながら，

その厳密なメカニズムについてはフォーマルに示されてはいない．この事例から出発する相対的剥奪のフォーマル・モデル構築の試みの 1 つとして，レイモン・ブードンによるモデル (Boudon 1982) がある．このモデルでは，投資状況を模した一種の n 人チキン・ゲーム状況を想定し，プレイヤーの合理的選択の下，成功確率の上昇が多くの投資者を引きつけ，結果的に失敗して剥奪感を感じるプレイヤーの増加をもたらす，というメカニズムが示される．髙坂はブードンのモデルをさらに一般化してフォーマルにいくつかの知見を導出している (Kosaka 1986)．さらに，ブードンと髙坂の研究は，数理社会学の分野で様々な形で継承・応用されている (Yamaguchi 1998; Reyniers 1998; 浜田 2007; Manzo 2009; Ishida 2012)．

2.4 ランシマン条件

W. G. ランシマンによる 1966 年出版の『相対的剥奪と社会的正義』(Runciman 1966) は，相対的剥奪をキー概念として，社会的不平等への人々の態度を 20 世紀イングランドの歴史的な文脈と，さらに 1962 年に実施された量的調査の分析を通して研究した成果である．しかし，経験的な研究そのものよりも，「相対的剥奪の個人的条件」として相対的剥奪の定義を下したことが後の理論研究に大きな影響を与えた．

スタウファーらの研究や続くマートンの研究で取り上げられた事例は，「準拠集団の状況」と「集団の中で不満を感じる者の割合」との連関に焦点が当てられており，相対的剥奪は集団レベル（メゾ・レベル）のパラドキシカルな社会現象として現れるものと見なされていた．一方，ランシマンは，個人レベルまで降りていって，ある個人がどのような条件のもとで相対的剥奪を感じるか，という相対的剥奪発生の前提条件となる条件組み合わせを考案した．

これにより，相対的剥奪の発生について，個人を対象にする社会心理学的研究において，さらに精緻に検証する途が拓かれるとともに，集団レベル，マクロ・レベルの相対的剥奪をミクロ・レベルの集計として把握する理論モ

デルの構築の可能性が生まれたといえる．髙坂 (2012) は，こうしたランシマンの貢献を評して「相対的剥奪論の個人主義的転回」と呼んでいる．
　ランシマンによれば，

(i) 　個人 A は対象 X を持っておらず，
(ii) 　A は，過去や将来の自己像を含む現在の自分以外の誰かが X を持っていると（それが本当であるか否かにかかわらず）見なしており，
(iii) 　A は X を欲しいと思っており，
(iv) 　A は X を持つことが可能 (feasible) であると思っている

とき，個人 A は X について相対的に剥奪されるという (Runciman 1966: 10)．ここで X の所有には負の財 Y を持たないことも含む．この条件組み合わせを**ランシマン条件**と呼ぶことにする．
　ランシマンは (iv) の「可能性 (feasibility)」条件について，注釈を加えている．それによれば，この概念は不明確であるものの，億万長者になりたいとか映画の大スターのように美しくなりたいというような「現実離れした望み」を排除するために必要である．また，この制限を課したとしても，「嫉妬の感情」と「不正義の認知」との間を区別しない相対的剥奪概念の価値中立的な特徴は保たれる．ランシマンの目的である，不平等と不満の歴史的・経験的な関連の解明のためには，「正当 (legitimate)」な不満と「正当でない (illegitimate)」不満の区別は強く要請されないという (Runciman 1966: 10)．
　ランシマンの後，この feasibility 概念の曖昧さは繰り返し指摘され，「出来事が起こる可能性 (likelihood)」から「権利意識 (sense of entitlement)」までの異なる解釈がなされてきた (Taylor 2002)．その中で，フェイ・クロスビーは，ランシマンと他の相対的剥奪研究をレビューした上で，entitlement の方向で条件を拡張し，ランシマンの 4 条件に加えて，(v) X を持つ権利・資格があると感じている，(vi) X を持たないことに対する個人的な責任を感じていない，という 2 項目を追加した定義を提案している (Crosby 1976)．さらに後には，相対的剥奪の条件を端的に「挫かれた欲求と侵害された権利」

と定義している (Crosby 1984).

　こうした，entitlement を強調する定義は，相対的剥奪の中の「不正義の認知」の要素を強調するものであり，「不公平感 (sense of unfairness)」に近づく．いわば限定された相対的剥奪である．実験的状況におけるミクロ・レベルでの感情発生メカニズムの同定を目的とするような社会心理学的研究においては，厳密な条件組み合わせが求められるのかもしれないが，ランシマンの研究のように，相対的剥奪理論をメゾ・マクロ・レベルでの歴史記述に応用する立場からすれば，条件を広くとっておく方が説明の上で都合がよいのかもしれない．

　本書では，feasibility の問題を十分考慮しつつ，ランシマン条件を相対的剥奪のミクロ・レベルの定義として採用する[*8]．

　ランシマンはさらに，相対的剥奪の測定に関して 3 つの要素を指摘する (Runciman 1966: 10). 1 つは，望ましい水準と実際の水準との差である**大きさ** (magnitude), そして，ある集団の中で剥奪を感じる者の数・割合である**頻度** (frequency), そして差を感じるときの主観的な**強さ** (degree, intensity) である．この 3 つが一致している必要はなく，特に頻度は大きさや強さとは独立であると考えられる．この分類に従えば，スタウファーからマートンのラインで言及されてきた相対的剥奪は，主に頻度に関して定式化されたものと見なすことができよう．

　ランシマンは，相対的剥奪と準拠集団論に対してさらに 2 つの重要な指摘を加えている．1 つは準拠集団をその機能によって，「比較」「規範」「所属」の 3 種類に分類したことである．もう 1 つは，相対的剥奪のタイプを，準拠集団の中の自分自身のポジションについて感じる「自己本位的 (egoisitical) 相対的剥奪」と，準拠集団全体を他の集団と比べて感じる「友愛的 (fraternal) 相対的剥奪」に区分したことである．特に，後者の区分はその後の社会心理学的研究に引き継がれている (Taylor 2002). 本書では，基本的に「比較準

[*8] 機会不平等という観点から，社会的に優先して解消すべき相対的剥奪を切り分ける分解法を 8 章において導入する．この方法は，1 つの観点からの「正当な剥奪」を明確化する試みであるといえる．

拠集団内で個人が感じる自己本位的な相対的剥奪」を取り扱うので，ランシマンの指摘するそのほかの準拠集団機能や友愛的剥奪については，これ以上掘り下げて論じることはしない．

2.5　サルの相対的剥奪

　ところで，動物行動学者のフランス・ドゥ・ヴァールらがオマキザルを対象に行った実験に興味深いものがある (Brosnan & de Waal 2003; de Waal 2009=2010: 264–7)．その概要は以下の通りである．

> 　私たちは一度に 2 匹のサルで実験をした．1 匹に小石を渡すと，サラ（実験者のこと，引用者注）は手を差し出して，キュウリのスライスひと切れと引き換えに小石を返してもらう．2 匹とも喜んで，代わるがわる物々交換を 25 回も続けた．だが，私たちが扱いを不公平にした途端，雰囲気が悪くなった．1 匹には相変わらずキュウリを与えたが，もう 1 匹には大好物のブドウを与えたのだ．どう見ても，待遇の良いほうのサルに不満はなかったが，キュウリしかもらえないほうはあっという間に興味を失った．それどころか，パートナーが美味しそうなブドウをもらっているのを見ると，いらだって，小石や，ときには小さなキュウリさえ実験部屋の外へ放り出した．ふだんはがつがつと貪り食う食べ物が，忌まわしいものになったのだ (de Waal 2009=2010: 264)．

　こうしたサルの反応は，ドゥ・ヴァールが 2011 年に TED で行ったプレゼンテーションのビデオの中で，いっそう鮮烈な形で観ることができる（図 2.2）．

　キュウリしかもらえなかった哀れなサルの反応を，ドゥ・ヴァールたちは協力行動から由来する不公平感として解釈している．これは一概には間違いといえないものの，分配状態に対する認識面を強調した限定された解釈であるといえる．われわれは，このサルの強烈な不満の表出を，ブドウ（あるいはブドウとキュウリの差）に対する相対的剥奪の表れとして理解したい．と

図 2.2　実験者にキュウリを投げつけるサル[*9]

いうのも，このサルは，(i) ブドウを持っておらず，(ii) 隣のケージの仲間がブドウを持っていることを見ており，(iii) そのブドウが欲しいはずであり，さらに (iv) 同じ作業をしたのであるから，仲間と同じようにブドウをもらうのは「当然」と思っているはずであろうからである．

この実験結果は，人間だけではなく社会性のある動物にも相対的剥奪が見られること，逆に言えば，他者と協同的な社会生活を営む上で，相対的剥奪感が根源的な感情であることを示唆しており，大変興味深いものである．

[*9] TED「フランス・ドゥ・ヴァール——良識ある行動をとる動物たち」(http://www.ted.com/talks/frans_de_waal_do_animals_have_morals.html, 2012 年 4 月公開) より筆者が画面キャプチャを作成した．

第3章
ジニ係数と相対的剥奪指数

 本章では，イツハキによって提案された，所得についての相対的剥奪を測る相対的剥奪指数 (Yitzhaki 1979) を導入し，それが不平等指数であるジニ係数と密接な関連があることを示す．以下では，まず所得分布を定義し，さらにローレンツ曲線とジニ係数を導入する．その上で，イツハキの相対的剥奪指数を定義する[*1]．

 なお本章から，微分・積分の基本的知識を前提に議論が進む．必要に応じて巻末の数学付録を参照されたい．

3.1 所得分布の導入

 以下では，ある社会の所得分布について考える．所得分布を離散分布として扱ってもよいが，連続分布と仮定する方が数学的な扱いは簡単である．ここで連続型確率分布を定義しよう．

 確率によって値が決まる変数のことを**確率変数** (random variable) という．とくに，確率変数 X が連続の値をとるとき，X を連続確率変数という．連続確率変数の場合，1つ1つの値ごとではなく，値のとる範囲に応じて確率が決まると考える．確率変数 X がある範囲の値をとる確率が，関数 $f(x)$ によって

[*1] イツハキの相対的剥奪指数とジニ係数は，所得に限定されず非負の基数尺度に適用可能であるが，ここでは簡単のため，所得に限定した上で説明する．

$$P(a \leq X \leq b) = \int_a^b f(x)dx \tag{3.1}$$

と表され，かつ

$$\text{すべての } x \text{ について}, f(x) \geq 0 \tag{3.2}$$

$$\int_{-\infty}^{\infty} f(x)dx = 1 \tag{3.3}$$

を満たすとき，X は連続型の**確率分布** (probability distribution) をもつという．このとき関数 $f(x)$ を，**確率密度関数** (probability density function: PDF)，あるいは単に密度関数という[*2]．

また，確率変数 X がある値 x 以下の値をとる確率を示す関数 $F(x)$ を，X の**累積分布関数** (cumulative distribution function: CDF) あるいは単に分布関数といって

$$F(x) = \int_{-\infty}^{x} f(z)dz = P(X \leq x) \tag{3.5}$$

と定義する．定義より $0 \leq F(x) \leq 1$ である．$F(x)$ が微分可能であるとすると，微分積分の基本定理から，密度関数と分布関数の間には次の関係が成り立つ．

$$F'(x) = \frac{dF(x)}{dx} = f(x), \qquad F(b) - F(a) = \int_a^b f(z)dz. \tag{3.6}$$

確率密度関数と累積分布関数のグラフ上の関連を図 3.1 に示す．

さて，ここで**所得分布**を定義しよう．連続分布する所得変数を Y で表す．一般に所得は 0 以上で有限の範囲に分布する．当該社会の所得の最大値を y^* とする．所得 $y \in [0, y^*]$ の確率密度関数を $f(y)$，分布関数を $F(y)$ とす

[*2] 定義より，確率変数がただ 1 つの値 a をとる確率は

$$P(a \leq X \leq a) = \int_a^a f(x)dx = 0 \tag{3.4}$$

である．連続型の場合は，値の範囲にのみ意味があることに注意すること．

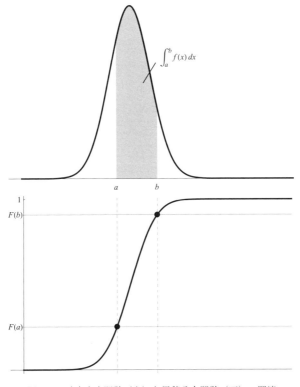

図 3.1 確率密度関数（上）と累積分布関数（下）の関連

る．以下，F は 2 階微分可能かつ単調増加であり，逆関数 F^{-1} をもつと仮定する．また，定義より $F(0) = 0$，$F(y^*) = 1$ である．

所得の平均 μ，分散 σ^2 はそれぞれ，

$$\mu = E(Y) = \int_0^{y^*} y f(y) dy, \tag{3.7}$$

$$\sigma^2 = E(Y - \mu)^2 = \int_0^{y^*} (y - \mu)^2 f(y) dy \tag{3.8}$$

となる．

3.2 ジニ係数

ジニ係数 (Gini coefficient) は，もともとイタリアの統計学者であるコッラド・ジニによって「何らかの特性のばらつき (variability)」の指数として代数的に導入され，その後ローレンツ曲線との幾何学的な関係が指摘された (木村 2008; Ceriani & Verme 2012). ジニ係数はその後，経済学の分野で所得の不平等度を測る指数として利用されるようになり，不平等指数の代表的なものの 1 つとなった．

ジニ係数の導入に際しては，歴史的な展開とは逆にローレンツ曲線による幾何学的な定義から入っていった方が直感的にわかりやすいと思われる．そこで，以下ではまずローレンツ曲線を導入し，それとの関係からジニ係数を定義する．そしてジニ係数の定義のいくつかの変形を導き出す[*3].

3.2.1 ローレンツ曲線

まずは，社会の構成員数が有限の場合の所得シェアと人口シェアを定義しよう．

社会の平均所得を μ とする．社会の構成員数を n として，社会を相互排反に分割したときの各サブグループ k のグループ内平均所得を μ_k，グループの構成員数を n_k とすると，社会全体の所得に占めるグループ k の**所得シェア** ϕ_k は

$$\phi_k = \frac{n_k \mu_k}{n\mu} = \frac{p_k \mu_k}{\mu} \tag{3.9}$$

である．ここで，$p_k = n_k/n$ はグループ k の**人口シェア**である．

同様の考え方で，連続の所得分布 $F(y)$ の下で，所得ランクを下から順に数えて人口シェアが $p = F(y)$ になるまでの人々の所得シェア，つまり下位 $100p\%$ の人々の所得シェアを考える．F の逆関数を使うと $y = F^{-1}(p)$

[*3] ジニ係数の導入については，Kakwani (1980), Lambert (2001), Yitzhaki & Schechtman (2013) を主に参考にした．

であるので,ここで考えている所得シェアは所得 0 から y までの範囲の所得を持つ人々の所得シェアのことでもある.これを p の関数 $L(p)$ で定義すると,

$$L(p) = \frac{p\mu_{[0,y]}}{\mu} = \frac{1}{\mu}\int_0^y zf(z)dz \tag{3.10}$$

となる.ただし,$\mu_{[0,y]}$ は所得 0 から y までの範囲の人々の平均所得であり,

$$\mu_{[0,y]} = \int_0^y z\frac{f(z)}{F(y)}dz \tag{3.11}$$

で与えられる[*4].$(p, L(p))$ のグラフを**ローレンツ曲線** (Lorenz curve) という.図 3.2 にローレンツ曲線の例を示す.$0 \leq \mu_{[0,y]}/\mu \leq 1$ より,$L(p) \leq p$.ゆえに,ローレンツ曲線は一般的に 45 度線の下を点 $(0,0)$ から $(1,1)$ を通る曲線である.

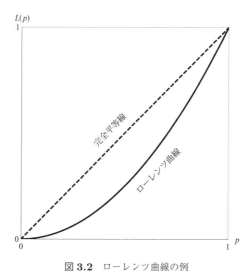

図 **3.2** ローレンツ曲線の例

[*4] ここで,$f(z)/F(y)$ は $[0, y]$ を条件とする条件付き密度関数 $f(z \mid [0, y])$ である.

なお，$L(p)$ の代わりに $\mu L(p)$ を用いた $(p, \mu L(p))$ のグラフのことを**一般化ローレンツ曲線** (generalized Lorenz curve) と呼ぶ (Shorrocks 1983).

さてここで改めて，式 (3.10) における $L(p)$ を y の関数 $\phi(y)$ として書き直そう．つまり，

$$\phi(y) = L(F(y)) = \frac{1}{\mu} \int_0^y z f(z) dz. \tag{3.12}$$

これを分布 $F(y)$ の**ローレンツ関数** (Lorenz function) と呼ぶ[*5]．定義より，$\phi(0) = 0$, $\phi(y^*) = 1$ である．$F'(x) = f(x)$ より，$\phi(y)$ について部分積分法を使うと，

$$\phi(y) = \frac{1}{\mu} \left[y F(y) - \int_0^y F(z) dz \right] \tag{3.13}$$

と変形できる．そこで ϕ を y で微分すると，

$$\frac{d\phi}{dy} = \frac{1}{\mu} [y f(y) + F(y) - F(y)] = \frac{y f(y)}{\mu} \tag{3.14}$$

を得る．これを使って，ローレンツ曲線 $L(p)$ を $p = F(y)$ で微分すると，微分の連鎖律と逆関数の微分を使って，

$$\frac{dL}{dp} = \frac{dL/dy}{dp/dy} = \frac{d\phi/dy}{dF/dy} = \frac{y}{\mu} \tag{3.15}$$

となる．つまり，ローレンツ曲線上の p における接線の傾きは $F^{-1}(p)/\mu$ である．

もし，社会のすべての構成員が同額の所得を得ているとすると，それぞれの所得は μ に等しい．このとき式 (3.15) より，ローレンツ曲線上のすべての p における接線の傾きは 1 となる．このときローレンツ曲線は 45 度線上にあり，これを**完全平等線** (line of equality) という．ローレンツ曲線が完全平等線から離れれば離れるだけ，理想の平等状態から離れ，少数の人々に所得シェアが集中していることを示すと考えられる（図 3.2 参照）．

[*5] $\phi(y)$ は分布 $F(y)$ の 1 次モーメント分布関数 (the first moment distribution function) とも呼ばれる．

複数の所得分布を比較する場合，それぞれのローレンツ曲線が交差せず，一方が他方より常に完全平等線に近ければ，後者の分布の方がより平等であると判断できる．この場合，後者は前者と比較して「ローレンツ優位」にあるという．しかしながら，不平等の「度合い」まではグラフを見ているだけでは判別できないし，複数のローレンツ曲線が交わる場合，その間での見た目の評価は難しい．そこで，ローレンツ曲線が完全平等線からどの程度離れているかを示す指数が求められる．その1つがジニ係数である．

3.2.2 ローレンツ曲線の評価指数としてのジニ係数

完全平等線とローレンツ曲線の離れ具合を数値化する方法として直感的に分かりやすいのは，完全平等線とローレンツ曲線の間の面積を測る方法である．指数が0から1の範囲をとるようにするために，完全平等線より下の範囲の面積 (1/2) と完全平等線とローレンツ曲線の間の面積との比をとる．あるいは，同じことではあるが完全平等線とローレンツ曲線の間の面積を2倍する．これがジニ係数であり，本書では G で表す[*6]．ジニ係数は完全平等の時に0となり，ごく一部の人々が富を独占する極端な不平等状態の時に1に近づく．

定義 3.1 (ジニ係数 1)**．** ローレンツ曲線との関連で，ジニ係数 G は以下のように定義される．

$$\begin{aligned}G &= \frac{完全平等線とローレンツ曲線の間の面積}{完全平等線より下の範囲の面積}\\ &= \left(\frac{1}{2} - \int_0^1 L(p)dp\right) \bigg/ \frac{1}{2}\\ &= 1 - 2\int_0^1 L(p)dp \end{aligned} \tag{3.16}$$

[*6] ほかに，$F(\mu)$ における完全平等線とローレンツ曲線の距離 $F(\mu) - L(F(\mu))$ によって定義されるシュッツ係数 (Shutz coefficient) という指数もある (Lambert 2001: 33)．

$$= 1 - 2\int_0^{y^*} \phi(z)f(z)dz \tag{3.17}$$

第 3 式から第 4 式への変形は置換積分による．

式 (3.17) より，ジニ係数はローレンツ関数 $\phi(Y)$ の期待値 $E[\phi(Y)]$ を用いて，

$$G = 1 - 2E[\phi(Y)] \tag{3.18}$$

と表すことができる．さて，部分積分と式 (3.14) によって，$E[\phi(Y)]$ は

$$\begin{aligned} E[\phi(Y)] &= \int_0^{y^*} \phi(z)f(z)dz \\ &= [\phi(z)F(z)]_0^{y^*} - \frac{1}{\mu}\int_0^{y^*} zF(z)f(z)dz \\ &= 1 - \frac{1}{\mu}\int_0^{y^*} zF(z)f(z)dz \end{aligned} \tag{3.19}$$

となる．式 (3.18) に式 (3.19) を代入すると，

$$\begin{aligned} G &= 1 - E[\phi(Y)] - E[\phi(Y)] \\ &= \frac{1}{\mu}\int_0^{y^*} [zF(z) - \mu\phi(z)]f(z)dz \end{aligned} \tag{3.20}$$

を得る．これは 3.2.4 項の平均差からの定義との「合流点」になる．

3.2.3 絶対ジニ係数と共分散との関連

ジニ係数との同様の考え方で，一般化ローレンツ曲線との関連で**絶対ジニ係数** (absolute Gini coefficient) を以下のように定義することができる．絶対ジニ係数を G^A と表す．

定義 3.2 (絶対ジニ係数)．絶対ジニ係数 G^A は，原点から点 $(1, \mu)$ を通る直線と一般化ローレンツ曲線 $(p, \mu L(p))$ との間の面積の 2 倍として定義される．

$$G^A = 2\left(\frac{\mu}{2} - \int_0^1 \mu L(p)dp\right) = \mu G. \tag{3.21}$$

絶対ジニ係数は，完全平等の時 0 で不平等度が高まるにつれ μ に近づく．ジニ係数が $[0,1]$ の範囲に収まる基準化された指数であるのに対して，絶対ジニ係数は社会の所得規模 μ を加味した指数である．

さて，以下では絶対ジニ係数（そしてジニ係数）と，統計分析上の概念の対応を確認する (Yitzhaki & Schechtman 2013: 17–20)．相対的剥奪指数の導入とは，直接関連はないために，先を急ぐ読者はこの部分を読み飛ばしてもよい．

確率変数 X と Y の**共分散** (covariance), $Cov(X,Y)$ は

$$Cov(X,Y) = E[(X-\mu_X)(X-\mu_Y)] \tag{3.22}$$
$$= E(XY) - E(X)E(Y) \tag{3.23}$$

で定義される．ここで，μ_X は確率変数 X の期待値（平均）を示す．

式 (3.18), (3.19), (3.21) より，G^A について

$$G^A = 2\left[\int_0^{y^*} zF(z)f(z)dz - \frac{\mu}{2}\right] \tag{3.24}$$

を得る．ところで，$F(Y)$ の期待値は $E[F(Y)] = 1/2$ であるので[*7]，

$$G^A = 2\left[E(YF(Y)) - E(Y)E(F(Y))\right] = 2Cov(Y, F(Y)) \tag{3.26}$$

である．つまり，絶対ジニ係数 G^A は，所得額 y と所得の相対ランク $F(y)$ の共分散の 2 倍である．

[*7] $p = F(y)$ のとき，置換積分法より，
$$E[F(Y)] = \int_0^{y^*} F(z)f(z)dz = \int_0^1 p\,dp = \frac{1}{2}. \tag{3.25}$$

また，$Cov(F(Y), F(Y)) = \sigma_F^2 = 1/12$ であることに注意すると[*8]，

$$G^A = \frac{1}{6}\beta \tag{3.28}$$

を得る．ただし，

$$\beta = \frac{Cov(Y, F(Y))}{Cov(F(Y), F(Y))} \tag{3.29}$$

である．β は，$p = F(y)$ を独立変数，y を従属変数とする単回帰式 $y = \alpha + \beta p$ の傾き β の最小二乗推定量と等しい．つまり，絶対ジニ係数 G^A は，単回帰式 $y = \alpha + \beta p$ の傾き β の最小二乗推定量の 1/6 倍である．所得ランクが上がるほど所得額が急激に上昇する場合，単回帰式の傾きは大きくなり，結果的に絶対ジニ係数は大きくなる．ここから，所得ランクと所得額の結びつきの指数として，絶対ジニ係数そしてジニ係数を解釈することができる（図 3.3）．

3.2.4　ばらつきの指数としてのジニ係数

ジニによって最初に「ばらつきの指数」として提案されたのが，ジニ平均差 (Gini's mean difference) である．ジニによれば，「ばらつき」には 2 つのタイプがある．1 つは，観察誤差によるばらつきであり，真の値から観測値がどれくらいばらついているかが問題となる．この場合，真の値の推定値である算術平均からの各観測値のばらつきが分散などの指数で測られる．そしてもう 1 つは，客観的に測定可能なばらつきである．例えば，人口数や所得額は適当なデータがあれば，正確な量として測定できる．これらの間のばらつきを測定するためには，観測誤差を測るのとは別の指数が必要となる．これがジニが平均差を導入する目的であった (Ceriani & Verme 2012)．

[*8] $p = F(y)$ のとき，$E(p) = 1/2$ であるので，

$$Cov(F(Y), F(Y)) = \sigma_F^2 = \int_0^1 \left(p - \frac{1}{2}\right)^2 dp = \frac{1}{12}. \tag{3.27}$$

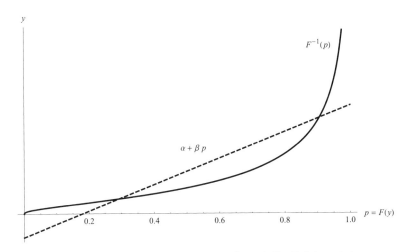

図 3.3 所得ランクと所得額の関係 ($F^{-1}(p)$) と単回帰式 ($\alpha + \beta p$)

ジニ平均差の式表現としては，ジニが導出したものだけでも 13 通りを数える．その中で，ここでは現在もっとも一般的と思われる定義を導入しよう．

ジニ平均差 Δ は，所得分布に関して言うと，すべての所得ペアの絶対差の期待値（平均）として定義される．連続分布の場合，次のようになる．

$$\Delta = \int_0^{y^*} \int_0^{y^*} |z-v| f(z) f(v) dz dv. \tag{3.30}$$

ジニ平均差からのジニ係数の定義は次のようになる．

定義 3.3 (ジニ係数 2). ジニ係数は，平均差の 1/2 と平均所得との比によって定義される．すなわち，

$$G = \frac{\Delta}{2\mu} = \frac{1}{2\mu} \int_0^{y^*} \int_0^{y^*} |z-v| f(z) f(v) dz dv. \tag{3.31}$$

ここでのジニ係数の定義に，若干の注釈を加えよう．ジニ平均差の定義の通りだと，ある所得ペア y_a と y_b の絶対差を 2 回ずつカウントすることにな

るため,その期待値は所得ペアの差を1回ずつカウントしたときの2倍になる.そこで,ジニ平均差の1/2と平均所得とを比較することで,基準化された所得のばらつきの指数を得る.

ジニ平均差によるジニ係数の定義式 (3.31) から,ローレンツ曲線による定義との合流点である式 (3.20) までの変形をフォローしよう.

$$G = \frac{1}{2\mu} \int_0^{y^*} \left[\int_0^{y^*} |z-v| f(v) dv \right] f(z) dz \tag{3.32}$$

$$= \frac{1}{2\mu} \int_0^{y^*} \left[\int_0^z (z-v) f(v) dv + \int_z^{y^*} (v-z) f(v) dv \right] f(z) dz \tag{3.33}$$

$$= \frac{1}{2\mu} \int_0^{y^*} \left[2\int_0^z (z-v) f(v) dv + \int_0^{y^*} (v-z) f(v) dv \right] f(z) dz \tag{3.34}$$

$$= \frac{1}{\mu} \int_0^{y^*} \left[\int_0^z (z-v) f(v) dv \right] f(z) dz \tag{3.35}$$

$$= \frac{1}{\mu} \int_0^{y^*} \left[\int_0^z z f(v) dv - \int_0^z v f(v) dv \right] f(z) dz \tag{3.36}$$

$$= \frac{1}{\mu} \int_0^{y^*} \left[z F(z) - \mu \phi(z) \right] f(z) dz \tag{3.37}$$

よって,ジニ平均差によるジニ係数の定義とローレンツ曲線による定義は同値である.

また,絶対ジニ係数とジニ平均差の関係は

$$G^A = \frac{\Delta}{2} \tag{3.38}$$

となる.

3.3 イツハキの相対的剥奪指数

イツハキは相対的剥奪に関する指数を提案し,それがジニ係数と対応関係にあることを示した (Yitzhaki 1979).ここでは,ジョン・ヘイとピーター・

ランバートの導入方法 (Hey & Lambert 1980) にならってイツハキの指数を導入し，ジニ係数との対応を確認する[*9]．

3.3.1 個人的相対的剥奪指数

イツハキは，相対的剥奪の定義としてランシマン条件を参照している．個人 A が X について相対的に剥奪されるためのランシマン条件は以下の通りであった．

(i) 個人 A は対象 X を持っておらず，
(ii) A は，過去や将来の自己像を含む現在の自分以外の誰かが X を持っていると（それが本当であるか否かにかかわらず）見なしており，
(iii) A は X を欲しいと思っており，
(iv) A は X を持つことが可能 (feasible) であると思っている

ヘイとランバートは社会における所得の比較に限定してランシマン条件を当てはめた (Hey & Lambert 1980)．まず，ある個人にとって準拠対象となる集団をここでは社会全体であると見なす．さらに，対象 X を自分が持っていない所得とする．そうすると，自分より所得が低い者との比較においては剥奪は生じないが，自分より所得を多く持っている者との比較では所得の差が X となり，それがランシマンのいう相対的剥奪の「大きさ (magnitude)」に該当する．一般化して言うと，所得 y をもつ個人が所得 z をもつ個人と所得比較した場合の剥奪の大きさを $D(y;z)$ とすると，

$$D(y;z) = \begin{cases} z-y & y < z \\ 0 & y \geq z \end{cases} \tag{3.39}$$

[*9] Yitzhaki (1979) と Hey & Lambert (1980) では，指数としては最終的に同じ形になるが，元になる剥奪の定義式が異なるため，それぞれ別の指数として区別する論者もいる．しかし，相対的剥奪とジニ係数の関連性を最初に指摘したのはイツハキであり，Hey & Lambert (1980) はイツハキ論文へのコメントという形をとっているため，本書ではイツハキの相対的剥奪指数という名前で一本化して説明する．

である．このような，他者との所得比較の大きさを示す関数を**比較関数** (comparison function) と呼ぶことにする．

さて，各個人が準拠集団である社会の中でランダムに他者と出会い，所得の比較を行う状況を考えよう．このとき，各個人が感じる剥奪感の期待値を**個人的相対的剥奪指数** (individual relative deprivation index) と呼ぶことにする[*10]．

定義 3.4 (個人的相対的剥奪指数)．所得 y をもつ個人の個人的相対的剥奪指数 $D(y)$ は

$$D(y) = \int_0^{y^*} D(y;z) f(z) dz \tag{3.40}$$

と定義される．

式 (3.40) を変形すると以下を得る．

$$D(y) = \int_0^{y^*} D(y;z) f(z) dz \tag{3.41}$$

$$= \int_y^{y^*} (z-y) f(z) dz \tag{3.42}$$

$$= \int_y^{y^*} z f(z) dz - y(1 - F(y)) \tag{3.43}$$

$$= \mu(1 - \phi(y)) - y(1 - F(y)) \tag{3.44}$$

一方もともとのイツハキの導入では，所得 y をもつ個人の剥奪の程度 $D(y)$ は，y よりも大きい所得をもつ人々の人口シェア $1 - F(y)$ を，y 以

[*10] この個人的相対的剥奪指数の定義では，ランシマンのいう相対的剥奪の「大きさ」と「強度」が等しいものと見なされている．所得そのものではなく，所得による効用を比較するように指数の定義を拡張して，「強度」を考慮に入れることも可能である (Hey & Lambert 1980)．また，相対的剥奪の期待値の大きさを評価するための，いくつかの性質を満たす評価関数を導入することで，さらに一般的な個人的相対的剥奪指数を定義することも可能である (Chakravarty & Chakraborty 1984; Chakravarty 1990: 139–144)．

上のすべての所得額において合計したものとして定義されている (Yitzhaki 1979). すなわち,

$$D(y) = \int_y^{y^*} (1 - F(z))dz. \tag{3.45}$$

ここでも，部分積分法を駆使して式 (3.45) を変形すれば[*11],

$$D(y) = \int_y^{y^*} (1 - F(z))dz \tag{3.47}$$

$$= y^* - y - \int_0^{y^*} F(z)dz + \int_0^y F(z)dz \tag{3.48}$$

$$= y^* - y - y^* + \mu + yF(y) - \mu\phi(y) \tag{3.49}$$

$$= \mu(1 - \phi(y)) - y(1 - F(y)) \tag{3.50}$$

となり，式 (3.44) にたどりつくので，両者の定義は同値であることが分かる．

さらに，式 (3.44) より,

$$D(y) = (1 - F(y))(\mu_{[y,y^*]} - y) \tag{3.51}$$

と変形することができる．ここで，$\mu_{[y,y^*]}$ は所得レンジ $[y, y^*]$ の人々の平均所得であり,

$$\mu_{[y,y^*]} = \frac{\mu(1 - \phi(y))}{1 - F(y)} = \int_y^{y^*} z \frac{f(z)}{1 - F(y)} dz \tag{3.52}$$

と定義される．つまり，$D(y)$ は y 以上の所得グループの人口シェアと，y 以上の所得グループの平均所得と自分の所得 y との差の積としても表すことができる (Bárcena-Martín et al. 2007). さらに，式 (3.51) は,

$$D(y) = (1 - F(y))(\mu_{[y,y^*]} - y) + F(y) \cdot 0 \tag{3.53}$$

[*11] 具体的には以下の変形を用いる．

$$\int_0^{y^*} F(z)dz = y^* - \mu, \quad \int_0^y F(z)dz = yF(y) - \mu\phi(y). \tag{3.46}$$

$$= (1 - F(y))D(y; \mu_{[y,y^*]}) + F(y)D(y; \mu_{[0,y]}) \tag{3.54}$$

と解釈することができる．つまり，$D(y)$ は，自分より所得上位の平均所得，下位の平均所得というおおざっぱな情報を元にした相対的剥奪度を，それぞれの人口シェアで加重平均をとったものとしても解釈できる．必ずしも，社会全体の他者とのランダムな所得比較を仮定しなくても，社会の所得分布についての大まかな情報から構成される剥奪を表すリーズナブルな指数として，$D(y)$ を解釈することができるのである．

次に，$D(y)$ の関数としての基本特性を確認しておこう．式 (3.14) と式 (3.44) より，$D(y)$ を y について微分すると，

$$D'(y) = -(1 - F(y)) \tag{3.55}$$
$$D''(y) = f(y) \tag{3.56}$$

を得る．ゆえに，$\forall y \in [0, y^*)$，$D'(y) < 0, D''(y) \geq 0$．さらに，$D(0) = \mu, D(y^*) = 0$ であるので，$D(y)$ は，$D(0) = \mu$ を最大値，$D(y^*) = 0$ を最小値とする y についての狭義単調減少凸関数である．

最後に，$D(y)$ と一般化ローレンツ曲線との関係に触れておこう (Stark & Yitzhaki 1988)．式 (3.15) より，$d\mu L(p)/dp = y$ であるので，一般化ローレンツ曲線の $p = F(y)$ での接線の傾き $(\tan\theta)$ は y である．式 (3.44) より，μ は

$$\mu = D(y) + \mu\phi(y) + y(1 - F(y)) \tag{3.57}$$

と分解できるので，個人的相対的剥奪 $D(y)$ は，一般化ローレンツ曲線と，一般化ローレンツ曲線の $p = F(y)$ における接線との間の，$p = 1$ における距離である．$p = F(y)$ が大きくなればなるほど，接線の傾き y が大きくなり，$D(y)$ が減少する様子が図形的に理解できる（図 3.4）．

3.3.2 社会的相対的剥奪指数

社会的相対的剥奪指数 (societal relative deprivation index) は，個人的相対的剥奪指数の値の社会的平均として定義される．

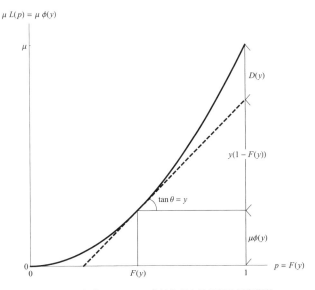

図 3.4　一般化ローレンツ曲線と個人的相対的剥奪指数

定義 3.5 (社会的相対的剥奪指数). 社会的相対的剥奪指数 D は,

$$D = \int_0^{y^*} D(z)f(z)dz \tag{3.58}$$

と定義される.

D は個々人が感じる相対的剥奪の「大きさ」に「頻度」を考慮して集計したものであり, 相対的剥奪の社会的な大きさの指数となっている.

定義式 (3.58) を展開すると, 式 (3.44) より,

$$D = \int_0^{y^*} D(z)f(z)dz \tag{3.59}$$

$$= \int_0^{y^*} \left[\mu(1-\phi(z)) - z(1-F(z))\right] f(z)dz \tag{3.60}$$

$$= \int_0^{y^*} \left[zF(z) - \mu\phi(z)\right] f(z)dz \tag{3.61}$$

を得る.式 (3.20) より,

$$D = \mu G \tag{3.62}$$

が成り立つ.つまり,社会的相対的剥奪指数はジニ係数と平均所得の積である絶対ジニ係数に等しい.このことを定理として述べておこう.

定理 3.1 (社会的相対的剥奪指数).社会的相対的剥奪指数 D はジニ係数 G と平均所得 μ の積である絶対ジニ係数 G^A に等しい.つまり,

$$D = G^A = \mu G. \tag{3.63}$$

3.3.3 相対的満足指数

これまでの議論で,本書の主要な理論的道具である相対的剥奪指数の導入が一通り終わった.ところで,イツハキは,相対的剥奪指数と同時に**相対的満足指数** (relative satisfaction index) も提案している (Yitzhaki 1979).ここで,そのもう 1 つの指数についても触れておこう.イツハキによれば,相対的満足指数 $S^Y(y)$ は,相対的剥奪の補完的概念として

$$S^Y(y) = \int_0^y (1 - F(z))dz \tag{3.64}$$

と定義される.これを部分積分を用いて変形すると,

$$S^Y(y) = y(1 - F(y)) + \mu\phi(y) \tag{3.65}$$

を得る.式 (3.44) と合わせて,

$$\mu = D(y) + S^Y(y) \tag{3.66}$$

がいえる.

そして,社会的相対的満足指数 S^Y は,

$$S^Y = \int_0^{y^*} S^Y(z)f(z)dz \tag{3.67}$$

と定義される．式 (3.65) より，

$$S^Y = \mu(1-G) = \mu - G^A \qquad (3.68)$$

となる．つまり，社会的相対的満足指数 S^Y は，平均所得と絶対ジニ係数の差と等しい．

一方，ヘイとランバートは，イツハキの相対的満足指数の定義の場合，背後に想定される比較関数が $\min(y,z)$ となり，ミクロ・レベルでの解釈が困難であることを指摘した上で，比較関数から定義する代替指数を提案している (Hey & Lambert 1980)．これをイツハキ型相対的満足指数と区別して単に S と表す．

まず，比較関数は，相対的剥奪の比較関数と対応する形で，

$$S(y;z) = \begin{cases} 0 & y \leq z \\ y-z & y > z \end{cases} \qquad (3.69)$$

と定義される．つまり，自らの所得より上位との比較では満足は生じないが，下位との比較についてはその差が満足の大きさとなる[*12]．そして，相対的満足指数は

$$S(y) = \int_0^{y^*} S(y;z)f(z)dz \qquad (3.70)$$

と定義される．これを変形すると，

$$S(y) = \int_0^y (y-z)f(z)dz \qquad (3.71)$$
$$= yF(y) - \mu\phi(y) \qquad (3.72)$$
$$= \int_0^y F(z)dz \qquad (3.73)$$

を得る．そして，社会的相対的満足指数は

[*12] Hey & Lambert (1980) は，この定義は「満足 (satisfaction)」よりも「ほくそ笑み (gloating)」に近いかもしれないと注釈で述べている．

$$S = \int_0^{y^*} [zF(z) - \mu\phi(z)]f(z)dz \tag{3.74}$$
$$= \mu G = G^A \tag{3.75}$$

となる.つまり,ヘイとランバートの定義を採用するなら,社会的なレベルでの相対的剥奪と相対的満足の大きさは常に等しい,と結論づけられる (Hey & Lambert 1980).

この理論的な満足と不満の関係は,非自明的であり興味深い論点であるが,次節以降では基本的にイツハキの相対的剥奪の挙動を中心に分析を進めることにする.

3.3.4 イツハキの相対的剥奪指数の特徴

イツハキが導入し,ヘイとランバートが再構成した相対的剥奪指数の特徴は,以下のようにまとめることができるだろう.

まず第 1 に,ランシマンの定義に基づきながら相対的剥奪の「大きさ」と「頻度」の計量化に成功した指数であること.これによって,相対的剥奪指数の実証的研究における応用可能性が拓かれることになった.第 2 に,比較関数によって表現されるミクロな他者比較を集計することで個人的相対的剥奪が定義され,さらに個人的相対的剥奪を集計することで社会的相対的剥奪が定義される,というようにミクロ・レベルでの一対一比較からマクロ・レベルでの剥奪の度合いが積み上げ式に定式化されていること.このことによって,剥奪感生成のミクロ・レベルでのメカニズムが明示化されるとともに,個々人の意識形成と社会レベルでの社会意識とのミクロ・マクロ・リンクの記述に成功した.そして第 3 に,客観的な不平等指数と見なされるジニ係数との対応を明確に示すことによって,不平等指数としてのジニ係数の社会意識論上の基礎付けを行ったことである.

第 II 部・第 III 部ではこうした相対的剥奪指数の利点に支えられることによって,体系性・統一性を確保しながら,相対的剥奪についての歴史社会学的・計量社会学的な応用研究が展開される.

一方，この指数の弱点といえる特徴もいくつか指摘することができる．

1つには，この指数が1次元での比較を想定していることである．そしてこの比較次元は，多くの場合無前提に所得が想定される．ミクロ経済学理論において，効用の源泉である消費レベルを規定する所得は，社会的比較と相対的剥奪の領域において1つの主要な比較次元を構成していることは疑い得ない．しかしながら，スタウファーの例にあったような職業的地位や資産，教育レベルなど他者との比較において重要な比較次元は他にもあり得る．相対的剥奪指数の枠組みでは，このような多次元的な比較の有り様を把握することができないという批判があり得る．しかしながら，こうした批判に対しては，各次元の比較の重み付き総和のような，相対的剥奪指数の適切な拡張によって応えることが可能である．

また，比較対象と自己との比較次元についての差をとるという比較関数の仮定や，社会全体を準拠集団とするという比較範囲の仮定についても，より現実的で適切な仮定があるという批判が可能である．しかし，これらの仮定についての批判に対しても，代替的な仮定が適切であるならば，指数の修正や拡張によって対応が可能である．

本書では以下，上記の3つの利点から，イツハキの相対的剥奪指数を一貫して用い，問題にする状況に応じて，比較次元や準拠集団の仮定を変えた指数を用いることにする．

3.3.5 イツハキ以後の研究

イツハキの研究以降，相対的剥奪指数を巡る研究は連綿と続いてきた．ここでは，理論的な研究に限定してその主要なものを紹介する．

Hey & Lambert (1980) は，イツハキのアイデアを再定式化するとともに，分配評価に関するいくつかの定理を導出した．Yitzhaki (1982) は，準拠集団と相対的剥奪指数との関連を分析した．Kakwani (1984) は相

対的剥奪曲線というアイデアを提案している*13．相対的剥奪曲線を応用した分配評価の研究としては，Chakravarty et al. (1995), Chakravarty (1997), Chakravarty & Moyes (2003), Chakravarty (2009) がある．社会的相対的剥奪指数 D の拡張と一般化を行った研究としては，Chakravarty & Chakraborty (1984), Berrebi & Silber (1985), Paul (1991), Chakravarty & Mukherjee (1999) がある．また，Kakwani (1984), Bárcena-Martín et al. (2007) は D の分解について議論している．さらに，Ebert & Moyes (2000), Bossert & D'Ambrosio (2006) は，個人的相対的剥奪指数 $D(y)$ の公理化を試み，いくつかの代替定義を提示している．

また, Chakravarty (1990), Chakravarty (2010), Yitzhaki & Schechtman (2013) では，分配と不平等をテーマとする本の中の 1 章を割いて，相対的剥奪指数とその後の研究について解説している．さらに近年では，中国語でもこの指数を解説・応用した本が出版されており，注目が高まっている (付 2011)．

3.4　昇進機会と相対的剥奪再訪

2.3 節において，スタウファーらの『アメリカ兵』の中の昇進機会と昇進制度に対する批判的意見との関係について，考察を加えた．ここでこの問題について，イツハキの相対的剥奪指数を用いて再検討する．

『アメリカ兵』の昇進機会の事例の場合，所得のような連続分布する量の比較ではなく，成功（昇進）か失敗（非昇進）かのいずれかの状態しかない中での比較が問題となる．そこで，1 を成功，0 を失敗とするベルヌーイ確

---

*13 個人的相対的剥奪指数 $D(y)$ を平均で割ったものを，$p = F(y)$ の関数として表すと，

$$\text{RDC}(p) = 1 - L(p) - L'(p)(1-p) \tag{3.76}$$

となる．これが相対的剥奪曲線である．この曲線を全域で積分すると，

$$\int_0^1 \text{RDC}(p)dp = 1 - 2\int_0^1 L(p)dp = G \tag{3.77}$$

となり，ジニ係数に等しくなる．

率変数上で個人的相対的剥奪を計算すると，失敗者についての比較関数は

$$D(0; z) = \begin{cases} 1 & z = 1 \\ 0 & z = 0 \end{cases} \quad (3.78)$$

となる一方，成功者については常に $D(1; z) = 0$ である．ゆえに，q $(0 \leq q \leq 1)$ を成功者の出現確率とすると，

$$D(0) = q, \quad D(1) = 0 \quad (3.79)$$

となる．また，社会的相対的剥奪は

$$D = q(1-q) \quad (3.80)$$

となる．つまり，失敗者の剥奪の程度は成功者と出会う確率に等しく，社会的な剥奪の程度は成功者と失敗者がランダムに出会う確率に等しい[*14]．

イツハキの相対的剥奪指数は，1人の個人を対象にして，その個人が経験する繰り返されるランダムな出会いを想定した「期待値」であった．ここで，少し視点を変えて，社会においてランダムな出会いが一度だけ起こり，出会いの相手が成功者だった場合に失敗者は**必ず**相対的剥奪を感じる，と仮定してみよう．社会全体の構成員数が十分に大きいという仮定の下で，失敗者の中で剥奪を感じる者の割合は近似的に q，社会全体の中で剥奪を感じる者の割合は近似的に $q(1-q)$ となり，それぞれ式 (3.79) の $D(0)$，式 (3.80) の D に対応する．この単純な確率モデルこそ，スタウファーらの研究に続く最初期に提案されたジェームス・デイヴィスの相対的剥奪モデルである (Davis 1959)．

以下では，このモデルを用いて，『アメリカ兵』の昇進機会の例を考察してみよう．先に指摘したように，「昇進機会の大きさ」への評価を尋ねる質問への回答には，個人的な不満と仲間の状況への同情的理解の 2 つの要素がない交ぜになっているものと考えられる．そこで，昇進機会への批判的態度

[*14] $D = q(1-q)$ はまた，1 を成功，0 を失敗とするベルヌーイ確率変数の分散に等しい．さらに，成功者と失敗者という 2 つの部分集団で構成される社会の異質性指数 (Lieberson 1969; Blau 1977) の 1/2 である．

の生成について，2段階プロセスを考える．

まず，成功者と失敗者のランダムな出会いによって，失敗者の中の q，集団全体では $q(1-q)$ の割合が剝奪を感じる．剝奪を感じた者は昇進機会への批判的態度を抱く．

次に，2回目のランダムな出会いによって，剝奪を感じていない者が剝奪を感じている者に出会った場合，その人もまた昇進機会への批判的態度を抱く．この結果，成功者でかつ批判的態度を抱く者の割合は $q^2(1-q)$，剝奪感を持たない失敗者でかつ同情的に批判的態度を抱く者の割合は $q(1-q)^3$ となる．

それぞれの批判率をまとめると以下のようになる．

$$\text{失敗者における批判率} = \frac{q(1-q) + q(1-q)^3}{1-q} = 2q(1-q) + q^3 \quad (3.81)$$

$$\text{成功者における批判率} = \frac{q^2(1-q)}{q} = q(1-q) \quad (3.82)$$

$$\text{集団全体の批判率} = q^2(1-q) + (1-q)[2q(1-q) + q^3]$$
$$= 2q(1-q) - [q(1-q)]^2 \quad (3.83)$$

この成功率と批判率を『アメリカ兵』の昇進機会の事例に当てはめたものが図 3.5 となる．データサンプルが少数であるために，厳密なモデルの適合性評価は難しいものの，成功者よりも失敗者の方が批判的意見の割合が常に高いこと，成功者の中にも批判的意見を表明する者が一定数存在し，成功率とともにその割合が緩やかではあるものの上昇する，という図 2.1 の特徴はある程度再現されている，といえるだろう[*15]．ただし，ここでの試論的モデルは，あくまで『アメリカ兵』データとの適合をめざす「当てはめモデル」の段階にあるので，モデルの妥当性を高めるためには，『アメリカ兵』とは

[*15] デイヴィス自身は，「集団の中で相対的剝奪あるいは相対的満足を感じる者の割合」を「不公平割合」と定義し，その割合 $2q(1-q)$ が昇進機会事例の批判的意見に対応すると見なしている (Davis 1959)．しかし，この解釈に忠実に従うならば，成功者の中の批判的意見の割合は，失敗者と出会った者の割合である $(1-q)$ と等しいはずであるが，これは成功率に対して明らかな単調減少関数である．

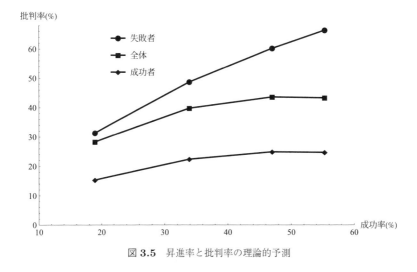

図 3.5　昇進率と批判率の理論的予測

異なる類似事例データによるさらなる検証（反証）を経なければならない．

第Ⅱ部

相対的剥奪の歴史社会学

第I部では，相対的剥奪の概念史を紹介し，さらにイツハキの相対的剥奪指数を導入した．これらは，「相対的剥奪」という抽象的な社会科学的概念道具を導入するためのものであった．しかしながら，他の社会科学的概念と同様に，相対的剥奪概念も単なる抽象概念というだけではなく，近代社会の歴史的経緯と密接に関連している．極端に言えば，近代社会とは，相対的剥奪が前景化し，社会を底流で駆動する社会意識を構成する重要な部分となる社会，つまり「相対的剥奪社会」といえる．

　ところで，近代化については，様々な立場からの見方・論じ方があり得るが，特に経済的な見地から近代化という動きを考えたとき，そこには大きく2つのベクトルがある．1つは，「平等化・平準化」の動きであり，社会の様々な障壁——身分上の障壁や空間的な障壁——が取り払われ，人々の社会・経済的地位の移動が活発になる動きである．イメージとしては，壁が次々と倒されて，社会が横へ横へとつながっていく動きである．もう1つは，「発展・成長」の動きであり，経済発展により社会が豊かになり，豊かさの総量としてのパイが大きくなっていく動きである．これは，社会全体が上昇する上への動きとしてイメージできる．

　アメリカやヨーロッパ諸国では，平等化の動きがその後の工業化による経済発展を準備した．一方，第2次世界大戦後に開発独裁体制をとった新興諸国では，体制主導の経済開発が先行し，その後平等化の圧力が高まり，多くの国で民主化が達成された．このように，2つの動きは，個別具体的な時代や国によって相前後するものの，近代化に伴い同時的かつ相互依存的に存在するものであるといえる．

　こうした2つの近代化の動きに応じて，人々の意味世界の構成や関連する意識のあり方も大きな変質にさらされることになる．2章で見たように，相対的剥奪という概念は，自らを取り巻く状況と意識のパラドキシカルな関連を指し示すために要請されたのであるが，近代化によるこれらの大きな2つの動きに応じて，2つの相対的剥奪のパラドックスが存在する．そして，古典的な社会学者たちが注目したように，これらのパラドックスは，その時代の社会意識を規定する大きな要因となっているのである．

第 II 部では，近代化に付随する相対的剥奪の 2 つのパラドックスについて論じる．4 章では，近代化に伴う平等化と相対的剥奪のパラドキシカルな関係を「平等化と相対的剥奪のパラドックス」，あるいはより広く「近代化と相対的剥奪の第 1 パラドックス」と名付け，トクヴィルの古典理論からそのエッセンスを確認し，さらにイツハキの相対的剥奪指数によってパラドックス発生メカニズムを解明する．続く 5 章では，経済発展に伴う相対的剥奪の高まりを「経済成長と相対的剥奪のパラドックス」，あるいは「第 2 パラドックス」と名付け，デュルケムの自殺類型「アノミー的自殺」や，近年の主観的幸福研究で指摘される「幸福のパラドックス」を参照した上で，パラドックス発生メカニズムを解明する．

　これらの議論で明らかになるのは，近代化の宿痾としての相対的剥奪の姿である．

第4章
平等化と相対的剥奪のパラドックス

4.1 トクヴィルの『アメリカのデモクラシー』

4.1.1 諸条件の平等

　近代化に伴う平等化の動きによって，人々の相対的剥奪は高まる．このような，近代化と相対的剥奪のパラドキシカルな関係を，「平等化と相対的剥奪のパラドックス」，もしくは「近代化と相対的剥奪の第1パラドックス」と呼ぶことにしよう．このようなパラドックスを19世紀前半のアメリカ社会に見いだし，近代化に伴う根底的な社会意識の変化を予見したのがアレクシス・ド・トクヴィルである．

　トクヴィルは，19世紀前半を生きたフランスの政治・社会思想家である．トクヴィルは，どちらかといえば政治学の文脈で参照されることが多いように思えるが，のちにフランスの社会学者レイモン・アロンは，トクヴィルを，デモクラシーへと向かう動きとして近代化を位置づけたユニークな思想家として，社会学的思考の源流の一人に位置づけている (Aron 1965=1974)．そして，相対的剥奪論にとってもトクヴィルは1つの源流となっている．

　トクヴィルは，1830年代アメリカでの観察をもとにして，アメリカ論の古典である『アメリカのデモクラシー』(Tocqueville 1835=2005, 1840=2008) を刊行した．トクヴィルの用いる「デモクラシー」概念は，政体としての民主制に限定される狭い概念ではなく，社会のあり方や人々の社会意識をも規定する社会類型を意味する．そして，それ以前の社会類型であるアリストク

ラシー（貴族制）からデモクラシーへの移行として近代化をとらえ，その本質的な特徴として「諸条件の平等」という動きを見いだしている (宇野 2007: 12–13, 富永 2010: 9–11)*¹．

諸条件の平等の社会的影響は根源的で広範に及ぶ．それは，「公共精神に一定の方向を与え，法律にある傾向を付与する．為政者に新たな準則を課し，被治者に特有の習性をもたらす」だけではなく，「世論を創り，感情を生み，慣習を導き，それと無関係に生まれたものにもすべて修正を加える」(Tocqueville 1835=2005: 上, 9)．

とくに，社会意識上の変化という観点から見れば，デモクラシーの進展は，身分を隔てる壁を自明なものとして考え，その中で安住していたアリストクラシー時代の人々の想像力を根本的に変容させることになった (宇野 2007: 58–59)．諸条件の平等は，何よりもまず想像の上で実現したといえる．このような想像力の変容は，「平等自体に対する愛着」(Tocqueville 1840=2008: 上, 167) を生み出し，「想像上の平等」という極点をめざす絶え間ない「運動としてのデモクラシー」を帰結する (富永 2010: 48–51)．

4.1.2 奇妙な憂鬱

トクヴィルは，諸条件の平等によるデモクラシーの進むアメリカ社会において，人々が「奇妙な憂鬱 (la mélancolie singulière)」にさいなまれていることを見抜いている (Tocqueville 1840=2008: 上, 233–9)．例えば，トクヴィルは，一見穏やかで陽気に見えるアメリカ人の表情に「ある種の影」を見いだし，「娯楽に耽っているときでさえ，彼らは深刻でほとんど悲しげに見えた」と報告している (Tocqueville 1840=2008: 上, 233)．

こうした「奇妙な憂鬱」の背景として，トクヴィルは第 1 に物質的享楽の

---

*¹ トクヴィルは，『アメリカのデモクラシー』第 1 巻序文の冒頭に，「合衆国に滞在中，注意を惹かれた新奇な事物の中でも，諸条件の平等 (légalité des conditions) ほど私の目を驚かせたものはなかった」(Tocqueville 1835=2005: 上, 9) と記す．なお，"légalité des conditions" は，直接引用した翻訳書では「境遇の平等」と訳出されているが，宇野 (2007)，富永 (2010) にならって，ここでは「諸条件の平等」と訳出する．

追求による焦燥を指摘する．さらに，それだけではなく，より重要な背景として「諸条件の平等」の働きを見いだす．

　デモクラシーの進展によって，人々の想像力は大きく変容した．想像上の「障壁」が取り払われることで，意識の上での見通しは大きく拡がった．誰でも，理念的には地位や豊かさの上昇を目指すことができるようになった．こうした想像力の変容によって，人々の欲望は拡大し野心は大きくなった．しかしながら，こうした欲望や野心は常に挫折させられる．トクヴィルは次のように指摘する．

> 　彼らは同胞のうちの若干のものがもっていた迷惑な特権を破壊したが，今度は万人と競合することになる．制約の場所というよりその形が変わったのである．人々がほとんど相似たものになって同じ道を通るとき，足を早めて，周りにひしめく画一的な群衆から一人抜きんでることは誰にとっても難しい．
>
> 　平等から生まれる本能とそれが提供する充足手段とはこうして常に矛盾し，それが人の心を苦しませ，疲れさせる (Tocqueville 1840=2008: 上, 236–7).

　先に述べたように，諸条件の平等の動きは「想像上の平等」において先行する．このことは，これまで壁に隠れて見えなかった多くの他者が比較対象として眼前に現れることを意味する．しかしながら，「現実の平等」は十分には達成されることなく，常に何らかの不平等が感知される．トクヴィルは続けて述べる．

> 　一国の人民の社会状態と政治の基本構造がどれほど民主的であろうとも，**市民の誰もが自分の負ける相手を身辺にいつも何人か見出すと考えねばならず，彼は執拗にこの点に目を向ける**だろうと予想される．不平等が社会の共通の法であるとき，最大の不平等も人の目に入らない．すべてがほぼ平準化するとき，最小の不平等に人は傷つく．平等が大きくなればなるほど，常に，平等の欲求が一層飽くことなき欲求になるの

はこのためである (Tocqueville 1840=2008: 上, 237–8, 強調引用者による).

このようにトクヴィルは，デモクラシーによる平等化の進展により，逆説的に，人々の不平等に対する感受性が高まり，不平等による不満や焦燥感が高まること，このことが「奇妙な憂鬱」の背景にあることを指摘する．

先の引用で注目しておきたいのは，人々が不平等を感知するときの視線の向け先が「自分の負ける相手」，つまり自分より社会的地位の高い人たちと想定されていることである．このような「上方へのまなざし」をトクヴィルは「羨望」と呼び，デモクラシーに不可欠な感情として『アメリカのデモクラシー』において繰り返し言及している (富永 2010: 66–68)．この自分が持たざるものを持つ上方との絶えざる比較と，そこから生じる不満は，3章において導入したランシマン＝イツハキ型の相対的剥奪概念の基本的な構成要素と対応している．トクヴィルは，われわれの概念を用いると，平等化の進展と相対的剥奪の高まりという「近代化と相対的剥奪の第1パラドックス」を指摘したといえる．

同様の指摘は，革命と関連してもなされている．

> 民主的国民はいついかなるときにも平等を愛するが，彼らがこれを求める情熱を熱狂にまで亢進させる特定の時代がある．それが起こるのは，社会の古い階層構造が長く攻撃にさらされた挙句，最後の内部抗争の果てに倒壊に至った瞬間，かつて市民を互いに隔てていた垣根がついに取り壊される，そういう時である．人々はこのとき獲物に向かうように平等に殺到し，人に狙われる貴重な財貨ででもあるかのように平等に執着する．平等の情熱が四方八方から人の心に入り込み，そこで広がって，全体を覆う (Tocqueville 1840=2008: 上, 172).

平等化の進展によって，階級の壁が徐々に壊され，特権がなくなりつつあるまさにそのときに革命の炎が燃えさかるという指摘は，フランス革命をテーマとしたトクヴィルの後期の著作である『旧体制と大革命』の基本的な

認識となる (Tocqueville 1856=1998).

トクヴィルが見いだした相対的剥奪の原型ともいえる「奇妙な憂鬱」は，トクヴィルが生きた揺れ動くフランス社会という社会的背景，彼が属するロマン主義世代としての世代的特質，貴族出身という彼の社会的な地位，そして彼自身の神経症的なメンタリティを色濃く反映している (髙山 2012). しかし，彼が見いだしたものは，近代社会における社会意識の1つの原理として，その後の相対的剥奪論に直結するとともに，さらにはルネ・ジラールの「欲望の三角形」(Girard 1961=2010) やデイヴィッド・リースマンの「他人志向型」(Riesman 1950=1964) の社会的性格類型といった社会学上の概念道具に形を変えて受け継がれている.

4.1.3 職業評価の一元化

トクヴィルが『アメリカのデモクラシー』において指摘するデモクラシー社会の特徴のうち，相対的剥奪論との関連でさらに2つの点に注目しよう.

第1に，デモクラシー社会における職業評価についてである．「アメリカ人においてまともな職業はすべて名誉あるものと評価されるのはなぜか」と題する章において，トクヴィルは世襲が基本的に存在しないデモクラシー社会においては，労働は必然的なものと見なされるようになると指摘する．さらに，アリストクラシーにおいては明確に区別されていた労働の観念と利得の観念が，デモクラシーにおいては不可分に結びつくようになるという．このことは，労働の価値が利得，つまり労働による収入という一次元で評価されるようになること意味する．トクヴィルは以下のように述べる．

> 一方で，すべての市民にとって労働が人間の条件の名誉ある必然に思われ，他方で，労働がすべて，あるいは部分的には給料を意識して為されることが常に明らかとなる．その瞬間から，かつて貴族社会においてさまざまな職業の間を隔てていた広大な空間は消え去る．職業がすべて同じではないとしても，すべてがある似通った特徴を持つ．

金のために働くのでない職業は存在しない．給料はすべての職業に支払われ，すべての仕事を一種の同族のように見せる (Tocqueville 1840=2008: 上, 261–2)．

かくして，デモクラシーの進展による諸条件の平等は職業の壁をも取り払い，評価の次元としては金銭的次元による一元化をもたらす．このことは，物質的享楽の追求という私生活面での傾向性と相まって，生活の諸領域における他者との比較における金銭的次元への一元化をもたらすことになる．

4.1.4　個人主義化

さらに，注目したいのが「個人主義」についての指摘である．トクヴィルは「利己主義」と区別する形で「個人主義」の概念を導入する．利己主義とは，「自分自身に対する激しい，行き過ぎた愛」であり，自己本位的で自己の利益を優先させる行動につながるものである．一方，個人主義は「思慮ある静かな感情であるが，市民を同胞全体から孤立させ，家族と友人と共に片隅に閉じこもる気にさせる」(Tocqueville 1840=2008: 上, 175) ものである．利己主義は古くからある思考様式であるが，個人主義はデモクラシーに起源をもち，諸条件の平等の拡大によって大きくなる恐れがあるという．アリストクラシーにおいては，人々は何代にもわたって狭く静的な上下関係の中のしかるべき位置につなぎとめられており，そのことが人々の間の感情的な結びつきを担保してきた．一方，デモクラシーにおいては「人間的感情の絆は広がり，かつ緩む」という．トクヴィルは次のような比喩で，この状況を描写する．

各階級が互いに近づき，混じり合いだすと，成員同士は無関心で疎遠になる．貴族制はすべての市民を下は農民から上は国王に至る一つの長い鎖に結び合わせたが，デモクラシーはその鎖を壊し，環を一つ一つばらばらにする．
境遇が平等になるにつれて，同胞の運命に大きな影響を及ぼすだけの

富と力はないが，それでも自活するには十分な知識と財産を獲得もしくは保持している膨大な数の人々が見出される．この人々は誰に義務を負うでもなく，誰かを当てにするようなこともない．自分はいつも一人だと考えるのに慣れ，自分の運命はまるごと自分の手の中にあるとつい思い込む (Tocqueville 1840=2008: 上, 177–8).

こうして，デモクラシーにおいては，心理的に相互依存的な絆から解き放たれた，無数の画一的で自立した個人が出現する．トクヴィルは，こうした個人主義の蔓延が，「民主的な専制」の温床になり得ると考えた．そして，アメリカ社会の中に，専制へと陥る危険性を軽減する社会的装置として，住民自治と様々な結社の存在を見いだしている．

個人主義時代における中間集団の問題は，トクヴィルの問題関心の中でも主要なものの 1 つであるが，ここではトクヴィルの見いだした「個人主義」と統計的思考との関連を指摘しておきたい．

国家の状態を把握する手段としての統計学は，ヨーロッパにおいて 18 世紀頃から徐々に整備されはじめ，トクヴィルと同時代のナポレオン後の 1820–40 年代の「印刷された数字の洪水」(Hacking 1990=1999) によって発展を見た．またこの時代には，犯罪や自殺といった道徳の異常状態を矯正的な視点で把握しようとする「道徳統計」が興隆しており，トクヴィルの「奇妙な憂鬱」論への影響の痕跡も見られる (髙山 2012: 115–126).

そのようななか，その後の社会認識に大きな影響を与えたのが，1830–40 年代に発表されたアドルフ・ケトレ (Adolphe Quetelet) の「平均人 (the average man)」に関する議論である．科学史研究者のイアン・ハッキングの言い方を借りれば，ケトレは，天体観測等において見いだされてきた真の値についての測定誤差分布のアナロジーを，人間集団の特性分布に適用することによって「平均そのものを現実の実体に変えてしまった」(Hacking 1990=1999: 156–7) のである．つまり，人間集団の特性分布を誤差分布に重ね合わせることによって，集団を代表する平均人という概念を創造したのである．このケトレの考え方は，「思考における一つの根底的な転換」をもた

らし,それ以降「平均という仮構された未知の値は,……集団を客観的に記述した数値に他ならないと考えられるようになった」(Hacking 1990=1999: 159) のである.

　こうして,統計学的思考の展開によって「平均」という1つの社会的リアリティが構築される画期となったのが,トクヴィルの生きた時代であった.この統計学上の展開と,その時代の社会的背景はもちろん無関係ではない.社会のある特性について,平均を計算することに意味があるようになるためには,「社会の1人1人(あるいは1世帯1世帯)が独立の単位であり,同じ重要性(ウェイト)を与えられ,集計可能である」という信念が先行する必要がある.そしてこの信念を担保するのが,デモクラシーによって生じつつあった個人主義と,それによって生じるばらばらの個人の集まりという社会のイメージであったと思われる.とくに,アメリカにおいては,各州の人口に比例した代表権が与えられる連邦議会下院制度の要請もあって,国勢調査が早くから制度化されてきた.そしてその後,デモクラシーを背景とする統計の追求は,アメリカ社会独特の「統計コミュニティ」,つまり統計によって結ばれ想像されるコミュニティ (Boorstin 1969=1990) を生み出すことになる.

　ここまでの議論をまとめると,トクヴィルはデモクラシーの進展による諸条件の平等の動きに伴うものとして,上方比較による焦燥・不満の発生,比較次元の一元化,個人主義化という変化を見いだした.そして,個人主義化は平均という社会的リアリティ構築の前提条件になるものであった.これら3つの要素は,ランシマン=イツハキ型の「相対的剝奪」概念を構成する主要な要素である.つまり,トクヴィルは現代的な相対的剝奪概念が有効になるような社会的条件が,デモクラシーの進展によって立ち上がりつつある,まさにその時代を活写したといえるだろう.

4.2 階級障壁の消滅による相対的剥奪の上昇

トクヴィルの見いだした「近代化と相対的剥奪の第 1 パラドックス」を，イツハキの相対的剥奪指数で表す．まず本節では，イツハキ自身による定理 (Yitzhaki 1982) を参考に，それをさらに展開することによって，所得分布を所得水準によって分割する階級の存在によって，個人の相対的剥奪，そして社会的相対的剥奪がどのように変化するかを検証する．

4.2.1 所得階級がある場合の相対的剥奪指数

3 章と同様に，連続所得分布を導入する．所得 $y \in [0, y^*]$ の確率密度関数を $f(y)$，分布関数を $F(y)$，ローレンツ関数を $\phi(y)$ とする．まずは社会全体が準拠集団の場合を考える．比較関数を

$$D(y; z) = \begin{cases} z - y & y < z \\ 0 & y \geq z \end{cases} \tag{4.1}$$

とすると，個人的相対的剥奪指数は

$$D(y) = \int_0^{y^*} D(y; z) f(z) dz \tag{4.2}$$

$$= \mu(1 - \phi(y)) - y(1 - F(y)) \tag{4.3}$$

と定義される．また，社会的相対的剥奪指数は

$$D = \int_0^{y^*} D(z) f(z) dz \tag{4.4}$$

$$= \int_0^{y^*} [zF(z) - \mu\phi(z)] f(z) dz \tag{4.5}$$

と定義される．

次に，社会が所得レベルに応じて K 個 ($K > 1$) の相互に排反な部分集団に分かれており，この部分集団が所得比較の準拠集団となっている場合を考えよう．具体的には，所得分布が $z_0 = 0 < z_1 < z_2 < \cdots < z_k < \cdots <$

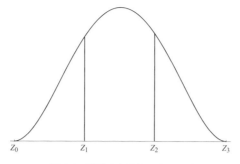

図 4.1　所得分布分割のイメージ

$z_K = y^*$ という $K+1$ 個の境界によって分割され，部分集団 k の所得レンジが $[z_{k-1}, z_k]$ となっている場合である（図 4.1）．この部分集団を所得階級と呼ぶ．

このとき，人々は準拠集団である所得階級内での上方比較においてのみ正の剥奪を感じ，それ以外との比較では剥奪を感じないと考える．つまり，この場合の比較関数を $D^R(y; z)$ とすると，それは

$$D^R(y; z) = \begin{cases} z - y & y < z \leq b(y) \\ 0 & \text{それ以外} \end{cases} \quad (4.6)$$

と定義される．ここで，$b(y)$ は $z_{k-1} \leq y \leq z_k$ となる z_k，つまり自らが所属する所得階級の最大所得を返す関数である．この比較関数を元にして，**所得階級がある場合の個人的相対的剥奪指数**を定義することができる．

定義 4.1 (所得階級がある場合の個人的相対的剥奪指数)．所得 y をもつ個人の個人的相対的剥奪指数 $D^R(y)$ は

$$D^R(y) = \int_0^{y^*} D^R(y; z) f(z) dz \quad (4.7)$$

$$= \int_y^{b(y)} (z - y) f(z) dz \quad (4.8)$$

$$= \mu[\phi(b(y)) - \phi(y)] - y[F(b(y)) - F(y)] \quad (4.9)$$

と定義される．

また，ここから所得階級がある場合の社会的相対的剥奪指数が定義される．

定義 4.2 (所得階級がある場合の社会的相対的剥奪指数)．所得階級がある場合の社会的相対的剥奪指数 D^R は，

$$D^R = \int_0^{y^*} D^R(z)f(z)dz \tag{4.10}$$

と定義される．

ここで，準拠集団を考慮した相対的剥奪の定義について，注釈を加えておきたい．$D^R(y)$ では，正の剥奪が生じる比較は準拠集団内の上方比較のみと仮定しているが，積分範囲が $[0, y^*]$ であることから，出会いの可能性は準拠集団を超えて社会全体に拡がっていると想定できることに注意したい．いわば，「社会全体を眺めた上で，剥奪が生じるのは準拠集団内の自分より上の人間だけ」という状態を仮定している．一方，準拠集団を考慮した相対的剥奪の定義として，準拠集団内部での出会いに限定した定義を考えることもできる．つまり，「準拠集団の中での出会いだけで感じる相対的剥奪」である．このような準拠集団を考慮した狭義の相対的剥奪は，後に導入される「集団間相対的剥奪」において比較対象が準拠対象である自集団 k である場合，つまり $D_{kk}(y)$，と一致する．

$D^R(y)$ は，複数の階級が生活圏を共にし，互いに何らかの日常的な交渉があるものの，準拠集団を超えて剥奪が生じる比較が起こらないような想定に対応する．一方，$D_{kk}(y)$ は，生活圏・比較対象ともに階級ごとに独立し，それぞれの階級内で生活世界が完結するような想定に対応する．

以下では，イツハキの定理 (Yitzhaki 1982) にならって，$D^R(y)$ について議論を進めていくが，準拠集団を考慮した狭義の相対的剥奪の定義を採用した場合，以下に導出する定理は必ずしも常に成立しないことに注意しておく[2]．

---

[2] 狭義の準拠集団を考慮した相対的剥奪の定義の下での D の分解と準拠集団の効果の分析

4.2.2 第1パラドックス定理

さて，次に比較の際の所得階級障壁の消滅が，人々の相対的剥奪の度合いを高めること，逆に言えば，準拠集団としての所得階級の存在が，人々の相対的剥奪を低減させることを証明しよう．まずは，個人的相対的剥奪指数からである．

定理 4.1 (個人的相対的剥奪指数にかんする第1パラドックス定理)．任意の所得 y をもつ個人について，所得階級が存在する場合と存在しない場合の個人的相対的剥奪指数を比較すると

$$\forall y \in [0, y^*], D^R(y) \leq D(y) \tag{4.11}$$

が成り立つ．特に，最上級の所得階級以外に属する個人について

$$\forall y \in [0, z_{K-1}), D^R(y) < D(y) \tag{4.12}$$

が成り立つ．

証明． 式 (4.3), (4.9) より，$b(y) \neq z_K$ なる y について，

$$D(y) - D^R(y) = \mu[1 - \phi(b(y))] - y[1 - F(b(y))] \tag{4.13}$$
$$= [1 - F(b(y))][\mu_{[b(y), y^*]} - y] > 0 \tag{4.14}$$

が成り立つ．ここで，$\mu_{[b(y), y^*]}$ は $b(y)$ 以上の所得についての平均所得である．一方，$b(y) = z_K = y^*$ の場合，$D(y) - D^R(y) = 0$ となる． □

定理 4.1 により，社会的なレベルでも D^R が D を常に下回ることが直ちに言えるが，ここでは後の展開のために，まず，D を D^R とそれ以外に分割し，そこから社会的相対的剥奪指数にかんする第1パラドックス定理を証明する．

としては，ジニ係数の分解公式の1つを利用したイツハキとシェッチマンによる試みがある (Yitzhaki & Schechtman 2013: 269–272)．

定理 4.2 (所得階級による社会的相対的剥奪指数の分解). 社会的相対的剥奪指数 D は, 所得階級を準拠集団とすることにより生じる剥奪 D^R と, 所得階級間での比較によって生じる剥奪 D^B に分割することができる. すなわち,

$$D = D^R + D^B. \tag{4.15}$$

ただし,

$$D^B = \sum_{k,j:k>j} p_k p_j (\mu_k - \mu_j) \tag{4.16}$$

である. ここで, $\sum_{k,j:k>j}$ は $k>j$ となる添字 k,j について総計を取る操作を意味する. D^B は, 後に 4.3.1 項において一般的な形で導入する「分布の重なりがない場合の集団間相対的剥奪」の平均である. また, p_k, μ_k は所得階級 k の人口シェアと平均所得をそれぞれ表す. つまり,

$$p_k = \int_{z_{k-1}}^{z_k} f(z)dz = F(z_k) - F(z_{k-1}), \tag{4.17}$$

$$\mu_k = \int_{z_{k-1}}^{z_k} z \frac{f(z)}{F(z_k) - F(z_{k-1})} dz = p_k^{-1} \mu[\phi(z_k) - \phi(z_{k-1})]. \tag{4.18}$$

証明. D^R を展開することによって, これを証明する. 式 (4.9), (4.10) より

$$D^R = \int_0^{y^*} D^R(z) f(z) dz \tag{4.19}$$

$$= \int_0^{y^*} [zF(z) - \mu\phi(z)] f(z) dz - \int_0^{y^*} [zF(b(z)) - \mu\phi(b(z))] f(z) dz \tag{4.20}$$

である. 式 (4.20) の第 1 項は, 式 (4.5) より, D に等しい. また,

$$F(z_k) = \sum_{j=1}^{k} p_j \tag{4.21}$$

$$\mu\phi(z_k) = \sum_{j=1}^{k} \mu[\phi(z_j) - \phi(z_{j-1})] = \sum_{j=1}^{k} p_j \mu_j \tag{4.22}$$

が成り立つことに注意すれば，式 (4.20) の第 2 項は以下のように展開できる．

$$\int_0^{y^*} [zF(b(z)) - \mu\phi(b(z))]f(z)dz \tag{4.23}$$

$$= \sum_{k=1}^{K} \int_{z_{k-1}}^{z_k} [zF(z_k) - \mu\phi(z_k)]f(z)dz \tag{4.24}$$

$$= \sum_{k=1}^{K} p_k \left[\sum_{j=1}^{k} p_j \mu_k - \sum_{j=1}^{k} p_j \mu_j \right] \tag{4.25}$$

$$= \sum_{k=1}^{K} p_k \sum_{j=1}^{k} p_j (\mu_k - \mu_j) \tag{4.26}$$

$$= \sum_{k,j:k>j} p_k p_j (\mu_k - \mu_j) \tag{4.27}$$

よって，$D^R = D - D^B$ が成り立つので定理が証明された．□

ここから以下の定理が成立する．

定理 4.3 (社会的相対的剥奪指数にかんする第 1 パラドックス定理)．所得階級が存在する場合と存在しない場合の社会的相対的剥奪指数を比較すると，

$$D^R < D \tag{4.28}$$

が成り立つ．

証明． 分解定理 (4.15) より，

$$D - D^R = \sum_{k,j:k>j} p_k p_j (\mu_k - \mu_j) > 0 \tag{4.29}$$

が成立する．□

こうして，社会レベルにおいても，準拠集団としての所得階級の消滅が相対的剥奪を押し上げることが，相対的剥奪のそもそもの特性として成り立つのである．

さらに，局所的にも隣り合う階級の障壁が撤廃されることで，個人的，ならびに社会的相対的剥奪指数が上昇することが言える．

定理 4.4 (局所第 1 パラドックス定理)．隣接する所得階級 $[z_{k-1}, z_k]$ と $[z_k, z_{k+1}]$ の障壁 z_k が撤廃されることで，任意の $y \in [z_{k-1}, z_k)$ の所得をもつ個人の個人的相対的剥奪指数は上昇し，結果的に社会的相対的剥奪指数は上昇する．つまり，障壁 z_k の撤廃以前の剥奪を D^R，撤廃以後の剥奪を $D^{R'}$ とすると，

$$\forall y \in [z_{k-1}, z_k), D^R(y) < D^{R'}(y), \quad D^R < D^{R'} \tag{4.30}$$

が成り立つ．

証明． 任意の $y \in [z_{k-1}, z_k)$ について，$b(y)$ は撤廃前は z_k，撤廃後は z_{k+1} となる．よって，式 (4.9)，(4.17)，(4.18) より，

$$D^{R'}(y) - D^R(y) = \mu[\phi(z_{k+1}) - \phi(z_k)] - y[F(z_{k+1}) - F(z_k)] \tag{4.31}$$
$$= p_{k+1}(\mu_{k+1} - y) > 0 \tag{4.32}$$

となる．$y \notin [z_{k-1}, z_k)$ なる y については撤廃前後で剥奪は変化しない．

次に，社会的相対的剥奪については，

$$D^{R'} - D^R = \int_0^{y^*} [D^{R'}(z) - D^R(z)] f(z) dz \tag{4.33}$$
$$= \int_{z_{k-1}}^{z_k} p_{k+1}(\mu_{k+1} - z) f(z) dz \tag{4.34}$$
$$= p_{k+1} p_k (\mu_{k+1} - \mu_k) > 0 \tag{4.35}$$

が成立する． □

定理 4.4 は，逆に言えば，ある所得階級をさらに分割するように階級を増やせば増やすだけ，人々の個人的相対的剥奪は減少し，さらに社会的にも剥奪が減少することを意味している．その究極のケースが，すべての人がそれぞれ 1 つの階級を構成するような「飽和階級社会」である．ここにおいて

は，所得の不平等そのものは温存されるものの，もはや剥奪を感じる者は誰もいない．

4.2.3 ベータ分布を用いた数値計算例

これまで証明してきた「第 1 パラドックス定理」によって，準拠集団としての所得階級の壁の撤廃が，必然的に相対的剥奪の増大をもたらすことがわかった．そして，このメカニズムは，トクヴィルが諸条件の平等が進む社会において見いだした社会意識のメカニズムに対応するものであると見なすことができる．

次に，具体的な所得分布を仮定することによって，所得階級の存在が人々の相対的剥奪に与える効果を数値計算によって確認しよう．ここでは，有界領域連続分布としてベータ分布（β 分布）を採用し，分布の台 (support)[*3]である $[0,1]$ を K 等分した場合の相対的剥奪度を計算する．ベータ分布の確率密度関数は

$$f(y) = \frac{y^{\alpha-1}(1-y)^{\beta-1}}{B(\alpha,\beta)} \tag{4.36}$$

で与えられる（図 4.2）．ここで，$B(\alpha,\beta)$ はベータ関数であり，分布のパラメータ α,β はともに正の実数である．

まず，個人的相対的剥奪指数を計算する．パラメータを $\alpha = 2, \beta = 2$ と設定して，等分しない場合（つまり，$K = 1$ であり $D^R(y) = D(y)$），2 等分，4 等分それぞれの場合に $D^R(y)$ を計算した結果が図 4.3 である．定理 4.1 と定理 4.4 で確認されたように，等分後に下位に位置する所得階級において，分割によって相対的剥奪が減少することが確認できる．

次に，K 等分ごとの社会的相対的剥奪の変化を計算する[*4]．分布のパラ

[*3] ここで，関数 $f(x)$ の台とは，f が 0 にならない点の集合 $\{x \mid f(x) \neq 0\}$ を含む最小の閉集合（閉包）のことである．

[*4] ベータ分布の平均は $\alpha/(\alpha+\beta)$ である．また，ベータ分布のジニ係数はパラメトリックに表すことができることが知られている (McDonald 1984)．これによって，ベータ分

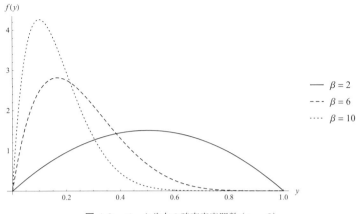

図 **4.2** ベータ分布の確率密度関数 ($\alpha = 2$)

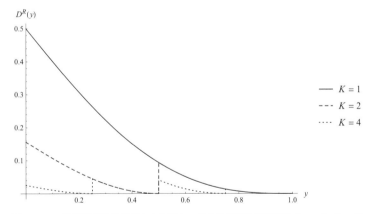

図 **4.3** K 等分所得階級が存在する場合の個人的相対的剝奪指数 ($\alpha = 2,\ \beta = 2$)

布における社会的相対的剝奪指数を以下のようにパラメトリックに表すことができる.

$$D = \mu G = \left(\frac{\alpha}{\alpha+\beta}\right) \frac{B\left(\alpha+\frac{1}{2}, \frac{1}{2}\right) B\left(\alpha+\beta, \frac{1}{2}\right)}{\pi B\left(\beta, \frac{1}{2}\right)} \tag{4.37}$$

これを利用しつつ,さらに D^B を計算することで,$D^R = D - D^B$ が求まる.

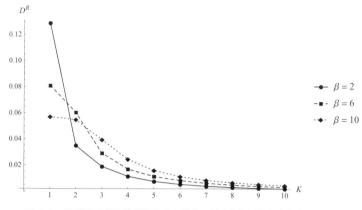

図 4.4　K 等分所得階級が存在する場合の社会的相対的剥奪指数 $(\alpha = 2)$

メータは $\alpha = 2$ と固定して，β を $2, 6, 10$ と動かしている（図 4.2）．このとき，分割数に応じて社会的相対的剥奪は図 4.4 のように変化する．ここから，等分割数が多くなるほど，社会的相対的剥奪は単調に減少すること，またベータ分布の歪度が正から 0 に近づくほど，等分割数によって社会的相対的剥奪は急激に減少する傾向を読み取ることができる．特に，$\alpha = 2, \beta = 2$ のときは，階級が存在しない状態から 2 等分された階級が存在する状態への変化によって，約 73% 社会的な剥奪が減少することがわかる．このことは逆に，所得階級の障壁が消滅することによって，急激に剥奪が上昇することを意味する．

4.3　準拠集団による相対的剥奪低減効果

　前節では，所得分布を分割する所得階級という特殊なタイプの準拠集団を想定していた．本節では，ナナク・カクワニの相対的剥奪指数分解の試み (Kakwani 1984) を元に，より一般的に準拠集団の存在が相対的剥奪に与える効果を検証しよう．

4.3.1 集団間相対的剥奪

一般的に,社会が K 個の相互に排反な部分集団に分かれていると仮定する.部分集団は添え字番号 $k \in \{1, 2, \ldots, K\}$ によって区別される.部分集団 k の人口シェアは p_k,平均所得は μ_k で表す.また,所得分布の確率密度関数,分布関数,ローレンツ関数は,それぞれ f_k, F_k, ϕ_k で表す.社会全体の所得分布の密度関数は $f = \sum_{k=1}^{K} p_k f_k$ である.また,社会全体の平均所得は $\mu = \sum_{k=1}^{K} p_k \mu_k$ である.

まずは,部分集団 k に属し所得 y をもつある個人が,部分集団 j に属する他者と出会ったときに感じる相対的剥奪の期待値を定義しよう.これを $D_{kj}(y)$ とすると,

$$D_{kj}(y) = \int_y^\infty (z-y) f_j(z) dz \tag{4.38}$$
$$= \mu_j(1 - \phi_j(y)) - y(1 - F_j(y)) \tag{4.39}$$

となる[*5].

次に,部分集団 k に属する個人の,部分集団 j の他者との比較に際する平均的な剥奪の程度を **k の j に対する集団間相対的剥奪指数**と呼んで,以下のように定義する.

定義 4.3 (集団間相対的剥奪指数). k の j に対する集団間相対的剥奪指数 D_{kj} は,

$$D_{kj} = \int_0^\infty D_{kj}(z) f_k(z) dz \tag{4.40}$$
$$= \mu_j - \mu_k + \delta_{kj} \tag{4.41}$$

と定義される.ただし,

$$\delta_{kj} = \int_0^\infty [z F_j(z) - \mu_j \phi_j(z)] f_k(z) dz. \tag{4.42}$$

[*5] 積分範囲の上限として各部分集団の明示的な最大所得を置いた定式化も可能であるが,記述が複雑になるため,ここでは単純化のために無限大としている.

この集団間相対的剥奪指数について，2 つほど重要な特性を証明しておこう[*6]．

定理 4.5 (集団間相対的剥奪指数の差). k の j に対する集団間相対的剥奪 D_{kj} と，j の k に対する集団間相対的剥奪 D_{jk} との差は，j と k の平均所得の差に等しい．すなわち，

$$D_{kj} - D_{jk} = \mu_j - \mu_k. \tag{4.43}$$

証明． ローレンツ関数の導関数が $\phi'_k(y) = yf_k(y)/\mu_k$ であったことに注意しつつ，部分積分法によって，δ_{kj} のそれぞれの項について，

$$\int_0^\infty zF_j(z)f_k(z)dz = [\mu_k\phi_k(z)F_j(z)]_0^\infty - \int_0^\infty \mu_k\phi_k(z)(F_j(z))'dz \tag{4.44}$$

$$= \mu_k - \int_0^\infty \mu_k\phi_k(z)f_j(z)dz \tag{4.45}$$

$$\mu_j \int_0^\infty \phi_j(z)f_k(z)dz = \mu_j[\phi_j(z)F_k(z)]_0^\infty - \int_0^\infty \mu_j\phi'_j(z)F_k(z)dz \tag{4.46}$$

$$= \mu_j - \int_0^\infty zF_k(z)f_j(z)dz \tag{4.47}$$

を得る．ここから，

$$\delta_{kj} = \mu_k - \mu_j + \int_0^\infty [zF_k(z) - \mu_k\phi_k(z)]f_j(z)dz \tag{4.48}$$

$$= \mu_k - \mu_j + \delta_{jk} = D_{jk} \tag{4.49}$$

が成り立つ．ゆえに，$D_{kj} = \mu_j - \mu_k + D_{jk}$ より，定理が成立する． □

定理 4.6 (分布の重なりがない場合の集団間相対的剥奪指数). $k \neq j$ なる k, j について，それぞれの所得分布に重なりがない場合，つまり，$f_k(z) > 0$

[*6] 定理 4.5 については，Bárcena-Martín et al. (2007) が異なるやり方で証明を与えている．

かつ $f_j(z) > 0$ なる z が存在しない場合，k の j に対する集団間相対的剥奪 D_{kj} は以下のようになる．

$$D_{kj} = \begin{cases} \mu_j - \mu_k & \mu_j > \mu_k \\ 0 & \mu_j < \mu_k \end{cases} \quad (4.50)$$

証明． 分布の重なりがなく $\mu_j > \mu_k$ の場合，$f_k(z)$ の台上では $F_j(z), \phi_j(z)$ は常に 0 となる．ゆえに，式 (4.42) より，この場合 $\delta_{kj} = 0, D_{kj} = \mu_j - \mu_k$ が成り立つ．一方，分布の重なりがなく $\mu_j < \mu_k$ の場合，$f_k(z)$ の台上では $F_j(z), \phi_j(z)$ は常に 1 となる．ゆえに，この場合 $\delta_{kj} = \mu_k - \mu_j, D_{kj} = 0$ が成り立つ． □

4.3.2 準拠集団がある場合の相対的剥奪指数

4.2 節では，所得階級という特殊なタイプの準拠集団を想定していたが，ここでは一般的に自らの所属集団が準拠集団であり，準拠集団における上方比較によって剥奪が生じると想定し，その場合の剥奪指数を導入する．

部分集団 k に属する個人にとって，部分集団 j に属する所得 z_j をもつ個人との比較に際しての比較関数は，

$$D_k^R(y; z_j) = \begin{cases} z_j - y & j = k \text{ かつ } y < z_j \\ 0 & \text{それ以外} \end{cases} \quad (4.51)$$

と定義できる．この比較関数を元にして，準拠集団がある場合の個人的・社会的相対的剥奪指数を定義することができる．

定義 4.4 (準拠集団がある場合の個人的相対的剥奪指数)．部分集団 k において所得 y をもつ個人の個人的相対的剥奪指数 $D_k^R(y)$ は

$$D_k^R(y) = \int_0^\infty D_k^R(y; z) f(z) dz \quad (4.52)$$

と定義される．

社会全体の所得分布の密度関数が $f = \sum_{k=1}^K p_k f_k$ であることに注意しつつ，式 (4.52) を展開すると，

$$D_k^R(y) = \int_y^\infty (z-y) p_k f_k(z) dz \tag{4.53}$$
$$= p_k D_{kk}(y) \tag{4.54}$$

を得る．

ここで，$D_{kk}(y)$ は「準拠集団の中での出会いによって感じる平均的な相対的剥奪」を意味するのであり，これは 4.2.1 項で述べた「準拠集団を考慮した狭義の相対的剥奪」に相当する指数である．式 (4.54) より，$D_{kk}(y) > D_k^R(y)$ であるので，狭義の定義に比べて $D_k^R(y)$ は常に小さくなっていることに注意しておく．

この定義をもとに，準拠集団がある場合の社会的相対的剥奪指数を集団間相対的剥奪指数で表すと以下のようになる．

定義 4.5 (準拠集団がある場合の社会的相対的剥奪指数)．準拠集団がある場合の社会的相対的剥奪指数 D^R は，

$$D^R = \sum_{k=1}^K p_k \int_0^\infty D_k^R(z) f_k(z) dz \tag{4.55}$$

と定義される．

この定義式 (4.55) に式 (4.54) を代入すると，

$$D^R = \sum_{k=1}^K p_k^2 \int_0^\infty D_{kk}(z) f_k(z) dz \tag{4.56}$$
$$= \sum_{k=1}^K p_k^2 D_{kk} \tag{4.57}$$

を得る．これをもとに，社会的相対的剥奪指数 D の分解について，次の定理が成立する．

定理 4.7 (準拠集団による社会的相対的剥奪指数の分解)．社会的相対的剥奪指数 D は以下のように分解できる．

$$D = D^R + \sum_{k,j:k\neq j} p_k p_j D_{kj} \tag{4.58}$$

$$= D^R + D^B + D^O \tag{4.59}$$

ただし,

$$D^B = \sum_{k,j:k\neq j} p_k p_j D_{kj}^B \qquad D^O = \sum_{k,j:k\neq j} p_k p_j D_{kj}^O \tag{4.60}$$

$$D_{kj}^B = \begin{cases} \mu_j - \mu_k & \mu_j > \mu_k \\ 0 & \mu_j \leq \mu_k \end{cases} \quad D_{kj}^O = \begin{cases} \delta_{kj} & \mu_j \geq \mu_k \\ \mu_j - \mu_k + \delta_{kj} & \mu_j < \mu_k \end{cases} \tag{4.61}$$

である[*7].

証明. 社会的相対的剥奪指数 D を展開する.

$$D = \int_0^\infty \int_y^\infty (z-y)f(z)dz f(y)dy \tag{4.62}$$

$$= \sum_{k=1}^K \sum_{j=1}^K p_k p_j \int_0^\infty \int_y^\infty (z-y)f_j(z)dz f_k(y)dy \tag{4.63}$$

$$= \sum_{k=1}^K \sum_{j=1}^K p_k p_j D_{kj} \tag{4.64}$$

$$= D^R + \sum_{k,j:k\neq j} p_k p_j D_{kj} \tag{4.65}$$

また, $D_{kj} = D_{kj}^B + D_{kj}^O$ なので, $D = D^R + D^B + D^O$ も成立する. □

定理 4.6 より, D^B は分布に重なりがない場合の集団間剥奪の平均に等しいことがわかる. 実際に重なりがある場合でも, D^B は平均は変わらず重なりがないと仮定した場合の剥奪に相当する部分と解釈できる. 一方, D^O はその残余項なので, 分布の重なりにおいて生じた剥奪の部分と解釈できる.

[*7] カクワニによる分解定理 (Kakwani 1984) の場合, $D_{kj}^O = \delta_{kj}$ として定式化されているが, これは明らかな誤りである.

つまり，社会的相対的剥奪は，準拠集団内比較によって生じた部分 (D^R)，分布の重なりを除いた仮想的な集団間剥奪の部分 (D^B)，そして分布の重なりにおいて生じた集団間剥奪の部分 (D^O) に分けることができる．

なお，すべての部分集団の分布に重なりがない場合，$D^O = 0$ となり[*8]，$D = D^R + D^B$ となる．所得階級による社会的相対的剥奪指数の分解はこの特殊ケースである．

そして，定理 4.7 から以下のような，より一般化した場合の第 1 パラドックスを導くことができる．

定理 4.8 (準拠集団が存在する場合の第 1 パラドックス定理). 準拠集団が存在する場合と存在しない場合の社会的相対的剥奪指数を比較すると

$$D^R \leq D \tag{4.66}$$

が成り立つ．

証明. 部分集団 k に属し所得 y をもつある個人が，部分集団 j に属する他者と出会ったときに感じる相対的剥奪である $D_{kj}(y)$ について考える．$D_{kj}(y)$ は，y が f_j の台の下限と上限の間にあるときは，部分集団 j を社会全体と見なしたときの個人的相対的剥奪指数と同一であり，y が台の上限を上回る場合には，$\phi_j(y) = F_j(y) = 1$ により，式 (4.39) から $D_{kj}(y) = 0$．一方，y が台の下限を下回る場合には，$\phi_j(y) = F_j(y) = 0$ により，$D_{kj}(y) = \mu_j - y > 0$ となる．ゆえに，すべての y について $D_{kj}(y) \geq 0$ であり，$D_{kj} \geq 0$ が言える．

さらに，分解定理 (4.58) より，

$$D - D^R = \sum_{k,j: k \neq j} p_k p_j D_{kj} \geq 0 \tag{4.67}$$

が成立する． □

[*8] 定理 4.6 より，k と j の分布に重なりがない場合，$D^O_{kj} = 0$ となることを導くことができる．

すべての部分集団の分布に重なりがない場合は,

$$D - D^R = D^B = \sum_{k,j:k>j} p_k p_j (\mu_k - \mu_j) > 0 \qquad (4.68)$$

より, $D^R < D$ である.

この定理により, 社会が任意の部分集団に分割され, 部分集団が準拠集団となって相対的剥奪が形成される場合, 社会全体が準拠集団となる場合に比べて, 社会的な相対的剥奪は常に等しいか小さくなることが言える.

4.4 デモクラシーの代償としての相対的剥奪

ここまで, 所得分布を分割する所得階級を準拠集団として仮定した場合, より一般的な準拠集団を仮定した場合それぞれにおいて, 社会を分割する準拠集団が存在する場合に比べて社会全体が準拠集団になる場合の方が, 相対的剥奪が高まるという「平等化と相対的剥奪のパラドックス」を導出してきた.

われわれはこの現象を「パラドックス」と呼んでいるが, 相対的剥奪指数の分解に基づく検討の結果分かったことは, このパラドックスは相対的剥奪（指数）にあらかじめ埋め込まれていたメカニズムである, ということである. このことをトクヴィルの議論にまで戻って敷衍すると, 相対的剥奪に関する民主化のパラドックスは不可避なパラドックスであるとも言える.

デモクラシーの趨勢は, 政治・経済・社会の様々な領域で人々に自由をもたらし, 人々の活動を活性化し, 社会の発展に寄与した. しかしその一方で, われわれは不可避な代償として「相対的剥奪の高まり」という社会意識上の変化を引き受けることになった. こうして, トクヴィルが先見的に見いだした「奇妙な憂鬱」は, 近代化社会の1つの基本的な特徴となったのである.

第5章
経済成長と相対的剝奪のパラドックス[*1]

5.1 デュルケムの「アノミー的自殺」

　近代化による経済発展に伴う経済成長によって，人々の苦悩や不満がむしろ高まりうることが，歴史的・経験的にいくつかの事例で知られている．このような経済成長と社会意識のパラドキシカルな関係は，相対的剝奪という社会心理的メカニズムが媒介していると考えることができる．このようなパラドックスを19世紀後半のヨーロッパにおいて先駆的に見いだしたのが，エミール・デュルケムである．

　デュルケムは1897年刊行の『自殺論』(Durkheim 1897=1985) において，19世紀後半のヨーロッパにおいて急増する自殺を社会現象として取り上げ分析している．具体的には，各社会の自殺率に表れる自殺傾向を生み出す社会的要因の違いから，「自己本位的自殺」「集団本位的自殺」「アノミー的自殺」「宿命的自殺」の4つの自殺類型を抽出している．そのなかでも，ここで注目したいのは「アノミー的自殺」である．

　デュルケムは，経済状況が悪化するときだけではなく，急激な経済成長においても自殺率が上昇するという事実に注目した．具体的には，イタリア統一・ドイツ統一以降の急激な経済成長に伴う自殺率の増加などが挙げられている．ここからデュルケムは，社会の秩序が揺らぐとき，人々の欲望の規制

[*1] 本章には，Ishida et al. (2014) として発表した内容を一部含んでいる．再録に際しては，共著者である髙坂健次氏，浜田宏氏の許諾を得たことを記して感謝したい．

が失われ，欲望の無限亢進に苦しむことで生じる自殺として「アノミー的自殺」類型を指摘した．

　デュルケムの考えによれば，意味の世界に生きる人間にとって，幸福や快適さの追求は外的な規制がなければ際限のないものである．デュルケムいわく，「人間の感性は，それを規制しているいっさいの外部的な力をとりさってしまえば，それ自体では，なにものも埋めることのできない底なしの深淵である」(Durkheim 1897=1985: 302)．

　その結果，規制なき状態では人間の感性そのものが苦悩の源泉となる．こうした人間の感性を規制しうるのは，社会の構成員によって正統なものと認められている社会的規範・道徳であるとデュルケムは考える．具体的には，社会の各階級において追求しうる欲望に限界を与える規範，そして各階級に人々を割り当てる規範を人々が正統なものとして受け入れていることによって，各個人の欲望にある限界点が付され，そのことによって人々は安定して節度ある幸福を得ることができる．

　しかしながら，社会が混乱に陥るような急激な経済状況の変化においては，個人の欲望に対する社会の規制がうまく働かなくなる．実際，経済破綻によって急激に個人の状況が悪化する場合，これまでの欲求の規制レベルに順応した個人は，新たな規制レベルに直ちには順応できずに強い心理的負荷を受ける．そのことが，経済危機における自殺率の増加につながる．

　一方，急激な経済成長による生活条件の大きな変化によっても，社会による欲望の規制の箍が外れることがある．そのことによって，人々は自らの欲求の実現可能性や正当性をわきまえず，どこにでも欲望を向けるようになる．さらに，同時に人々をそれぞれの社会的地位に割り当てる規範の正当性も動揺する．

　　危機のおかげで特別の利益にあずかった階級は，もはやそれまでのような忍従に甘んじていることはできない．また，そのことへの反動として，その階級のより大きな富をまのあたりにした周囲の者，あるいは下位の階級の者は，ありとあらゆる羨望をそそられる (Durkheim

1897=1985: 311)．

そして，それだけではなく急激な経済成長そのものが，無規制状態の欲望を焚き付け亢進させる方向に働くとデュルケムは指摘する．

> そのうえ，このときには，一般に活動力が非常に高まっているため，それだけでも，欲望はひとりでに興奮状態におかれている．繁栄が増すので，欲望も高揚するというわけである．欲望にたいして供されるますます豊富な餌は，さらに欲望をそそりたて，要求がましくさせ，あらゆる規制を耐えがたいものにしてしまうのであるが，まさにこのとき，伝統的な諸規制はその権威を喪失する．したがって，この無規制あるいは**アノミー**の状態は，情念にたいしてより強い規制が必要であるにもかかわらず，それが弱まっていることによって，ますます度を強める (Durkheim 1897=1985: 311，強調原文)．

この結果，人々は決して満たされることのない渇望に苛まれ，一部は耐えきれず自殺へと向かう．

ここで，デュルケムはアノミー状態において人々の欲望を高める2種類のメカニズムを指摘していると読むことができる．デュルケム自身は「他者との比較」というアイデアについて明確に立論の中に組み込んでいるわけではないものの，デュルケムの議論の中には欲望の源泉としての「他者」という基本的なアイデアを認めることができる．そこで，デュルケムの指摘する2種類のメカニズムを，他者比較のアイデアによって以下のように言い換えることができる．

まず，第1段階において，経済状況の急変という強い外的ショックによって，各階級に設定されていた期待水準についての規範が消失する．その結果，想像上の階級の壁が壊れて，これまで比較対象とはならなかったより上位の他者が，欲望の源泉である比較対象として現れる．このことが人々の欲望を亢進させる．次に，第2段階として，経済成長による繁栄は自らの地位の向上だけではなく，欲望の源泉である比較対象の地位も向上させる．その

ことが人々の欲望をますます亢進させる．

ここで，第1段階は，4章で紹介したトクヴィルの「諸条件の平等化の進展による不安の増大」という議論と類似する指摘であると見なすことができる．外的ショックにより階級化された準拠集団の枠が取り払われることによって，人々の期待水準が上がり反対に相対的剥奪は高まる．しかし，繁栄そのものが欲望を亢進させるという第2段階については，急激な経済成長の中に「アノミー状態」を見いだしたデュルケム独自の発見であったといえるだろう．

5.2 経済成長と幸福のパラドックス

5.2.1 不幸な成長パラドックス

自殺率の増加として現れる，急激な経済成長による不幸の増大というデュルケムの発見は，現代の主観的幸福研究の文脈でもデータにより確認されている．

キャロル・グラハムを中心とする研究グループは，122カ国における2006, 2007年のギャラップ国際世論調査データを用いて，国レベルの幸福感と所得，そして経済成長の関係を分析している．その分析において，1人当たりGDPと国別の平均生活満足度が正の関係をもつという一般的な知見だけではなく，1人当たりGDPをコントロールした上で生活満足度と経済成長率が有意な負の関係を持っていることが見いだされた[*2]．加えて，成長率を中央値より高い国と低い国に分けた場合，中央値より高い国の間でのみ有意な負の関係が見られ，さらに，同様の方法で所得水準の高位と低位のグループに国を分けた場合，所得水準の高い国の間でのみ有意な負の関係が見られ

[*2] ギャラップ国際世論調査における生活満足度は，ハドレー・キャントリルによって提案された，いわゆる「キャントリルの階梯 (Cantril Ladder)」という尺度を用いている．これは，考えうる最良の生活を10，最悪の生活を0として，現在の生活を0から10の11段階で評価するという尺度である．この尺度は，生活一般についての主観的な満足感を尋ねる尺度よりも所得との関連が強くなる傾向があることが知られている．

た．こうした経済成長と幸福の関係をグラハムたちは「不幸な成長パラドックス (unhappy growth paradox)」と呼んでいる (Lora & Chaparro 2009; Graham 2009, 2011=2013)．こうしたパラドックスの背景要因としてグラハムたちは，構造改革や産業構造の変化に伴う地位の不安定性やコストの高まり，そして成長に伴う格差の増大を挙げている[*3]．

グラハムらの不幸な成長パラドックスは，国レベルの一時点比較によって得られた知見であったが，一国を時系列で見た場合にはどうであろうか．

主観的幸福研究の分野では，リチャード・イースタリンによって指摘された「イースタリン・パラドックス (Easterlin paradox)」が知られている (Easterlin 1974, 1995, 2005)．イースタリン・パラドックスは，アメリカ，日本そして西欧諸国の時系列データをもとに，それらの国々の所得レベルが大きく上昇するトレンドがあるにもかかわらず，国レベルの幸福感は一定のまま変化がないことを指摘したものである．経験的にイースタリン・パラドックスが成立するかどうかについては，未だに論争がある．例えば，Stevenson & Wolfers (2008) は，複数の国際比較データを用いて，一般的に国レベルの主観的幸福と1人当たり GDP の間に正の関連があることを示し，イースタリン・パラドックスの経験的妥当性に疑問を示している．しかし同時に Stevenson & Wolfers (2008) は，アイルランドや韓国といった急激に経済成長を遂げた国において，成長の初期段階に幸福感が大きく減少することがあると指摘している．

このように，急激な経済成長によってむしろ幸福感が減少する可能性が，常に成立するわけではないものの，経験的に見られるのである．

[*3] Deaton (2008) は，同じギャラップ国際世論調査データを用いて，やはり国レベルにおいて所得そのものの効果を統制した後も，経済成長の生活満足に対する負の効果を見いだしている．その上で Deaton (2008) は，近年市場化し，生活満足がかなり低い東欧・旧ソ連諸国の存在が強い負の関係を生み出していると解釈している．

5.2.2 チャイナ・パズル

経済成長と幸福感のパラドキシカルな関係の 1 つの具体例として，ヒルケ・ブロックマンたちは，1990 年から 2000 年の世界価値観調査データから，1990 年代の中国において，物質的な生活水準が急激に改善されたにもかかわらず幸福感（生活満足感）はむしろ減少していることを見いだした (Brockmann et al. 2008)．ブロックマンたちは，この現象を「チャイナ・パズル (China puzzle)」と名付け，ある種の相対的剥奪理論に基づく計量モデルによる説明を試みている．そのために彼らはグラハムらの研究を参照し，経済成長によって絶対的な所得水準は上昇したものの，相対的な所得水準はむしろ低下したような個人を指す「不満のある成功者 (frustrated achievers)」(Graham & Pettinato 2002) という概念を導入している．Graham & Pettinato (2002) はペルーやロシアといった経済的な移行期にある国において，人々の幸福感はむしろ低下するという事実を見いだした．具体的には，ペルーとロシアのパネル調査データを用いて，社会的地位の上方移動を経験したにもかかわらず，主観的には過去の移動を消極的に評価した回答者を「不満のある成功者」と操作的に定義し，そうした回答者の社会的経済的な特徴を分析している．ブロックマンたちは，こうした「不満のある成功者」の増加がチャイナ・パズルをもたらしたと説明している．そして最終的に，世界価値観調査データを用いた重回帰分析によって，相対的剥奪の代理指数としての経済的満足感が，この時期の中国において生活満足感を押し下げる決定的な要因になっていたことを確認している．ブロックマンらの分析については，世帯の経済状況についての満足感である経済的満足感が果たして相対的剥奪の代理指数となり得るか，という方法論的な問題があるものの，チャイナ・パズルという問題設定は，相対的剥奪を媒介とした経済成長と幸福感についてのパラドキシカルな関係を明確に指摘しており，「近代化と相対的剥奪の第 2 パラドックス」の 1 つの経験的な実例として検討に値するものである．

そこで，以下チャイナ・パズルの実態を詳しく検討することにしよう．

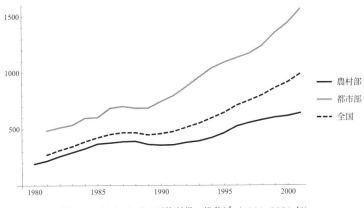

図 5.1 中国における平均所得の推移[*4]（1980–2001 年）
出典：Ravallion & Chen (2007).

図 5.1 は，Ravallion & Chen (2007) によって推計された，1980 年から 2001 年までの中国における平均所得の推移を示している．改革開放経済が軌道に乗る 1990 年以降，平均所得は農村部，都市部，そして全国レベルで単調に増加している．特に，都市部での平均所得の伸びは著しく，2000 年までに都市部の平均所得は 1980 年のそれに比べて 4 倍近い増加を示している．

図 5.2 は，同じく Ravallion & Chen (2007) によって推計された，1980 年から 2001 年までの中国におけるジニ係数の推移を示している．農村部，都市部，全国レベルにおいて，ジニ係数は単調ではないものの，上昇の傾向を示している．また，不平等度は一貫して都市部よりも農村部において高く，さらに都市部と農村部を統合した全国レベルは，いずれの不平等度よりも高くなった．このことは，中国全体の不平等度において，都市と農村の格差が大きな役割を果たしていることを示している．

図 5.3 は，世界価値観調査データから算出した，中国における平均生活満足得点の推移を示している[*5]．世界価値観調査では，現在の生活全般につい

[*4] 平均所得の単位は 1980 年時点の貨幣価値換算した人民元である．
[*5] 世界価値観調査データの引用情報は次の通りである．WORLD VALUES SUR-

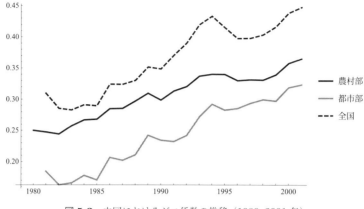

図 5.2 中国におけるジニ係数の推移 (1980–2001 年)
出典：Ravallion & Chen (2007).

ての満足度を「もっとも不満」の 1 から「もっとも満足」の 10 までの 10 段階の尺度で尋ねている．これを生活満足得点と見なして平均値を算出する．1990 年と 2000 年の都市部ならびに農村部の平均生活満足得点の算出に際しては，ブロックマンらと同様の都市部と農村部の操作的な定義を採用している (Brockmann et al. 2008)．しかしながら，1995 年調査では異なる地域コーディングが用いられていたため，1995 年については全国平均のみを算出した．図 5.3 より，1990 年から 2000 年の間に，いずれの平均生活満足得点も減少していることが分かる．さらに，農村部よりも都市部の方が，いずれの時点でも満足得点は低いことが注目される．都市部は農村部に比べて，高い平均所得をもち，ジニ係数で測られる域内の不平等度も低く，客観的な経済状態としては恵まれているように見えるにもかかわらず，平均的な満足得点はむしろ低いのである．

VEY 1981-2008 OFFICIAL AGGREGATE v.20090901, 2009. World Values Survey Association (www.worldvaluessurvey.org). Aggregate File Producer: ASEP/JDS, Madrid.

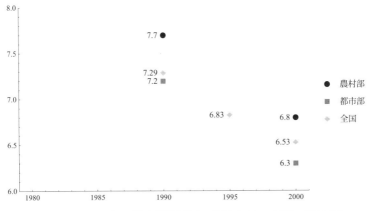

図 **5.3** 中国における平均生活満足得点の推移（1990，1995，2000 年）
出典：世界価値観調査．

5.3 経済成長による相対的剥奪の上昇

5.3.1 社会的相対的剥奪指数の基本的トレンド

デュルケムのアノミー的自殺や，近年の中国におけるチャイナ・パズルに典型的に見られるような，急激な経済成長が人々の苦悩や不満を高める，という現象の背後には，相対的剥奪という社会心理的メカニズムが存在すると考えられる．そこで，このような経済成長と相対的剥奪のパラドックスを「近代化と相対的剥奪の第 2 パラドックス」と呼び，以下イツハキの相対的剥奪指数によって，とくにマクロ・レベルでの経済状況と相対的剥奪との関係を検討することにする．

3.3.2 項の定理 3.1 において述べたように，マクロ・レベルにおける経済状況 (μ) と経済的不平等の状態 (G) と相対的剥奪の社会的平均 (D) の間にはきわめて単純な関係がある．ここで，D, G, μ を時間 t の関数と見なして，社会的相対的剥奪指数の基本的トレンドを考えよう．時間 t における社会的相対的剥奪指数 $D(t)$ は，

$$D(t) = \mu(t)G(t) \tag{5.1}$$

表 5.1　平均所得とジニ係数の変化による社会的相対的剥奪指数の可能な増減のパターン

社会的 RD が増加する ($D' > 0$)	社会的 RD が減少する ($D' < 0$)
(1) 経済が成長し，不平等化する 　　($\mu' > 0, G' > 0$)	(6) 経済が衰退し，平等化する 　　($\mu' < 0, G' < 0$)
(2) 経済が成長し，不平等の程度は変わらない 　　($\mu' > 0, G' = 0$)	(7) 経済が衰退し，不平等の程度は変わらない 　　($\mu' < 0, G' = 0$)
(3) [ある条件下で] 経済が成長し，平等化する 　　($\mu'G + \mu G' > 0$ かつ $\mu' > 0, G' < 0$)	(8) [ある条件下で] 経済が衰退し，不平等化する 　　($\mu'G + \mu G' < 0$ かつ $\mu' < 0, G' > 0$)
(4) 経済状況は一定で，不平等化する 　　($\mu' = 0, G' > 0$)	(9) 経済状況は一定で，平等化する 　　($\mu' = 0, G' < 0$)
(5) [ある条件下で] 経済が衰退し，不平等化する 　　($\mu'G + \mu G' > 0$ かつ $\mu' < 0, G' > 0$)	(10) [ある条件下で] 経済が成長し，平等化する 　　($\mu'G + \mu G' < 0$ かつ $\mu' > 0, G' < 0$)

であり，t における D の変化の様子は D の導関数

$$D'(t) = \mu'G + \mu G' \tag{5.2}$$

によって知ることができる．

ここで，自然な仮定として $\mu > 0$, $G > 0$ を仮定する．すると，D の増減のパターンを表 5.1 のようにまとめることができる[*6]．

経済成長が社会の相対的剥奪を高めるというパラドックスに該当するパターンは (1), (2), (3) である．このうち，(1), (2) においてみられる経済成長と相対的剥奪のパラドックスは，すでに Wodon & Yitzhaki (2009) によって指摘されている[*7]．また，(6), (7) は，経済衰退によって相対的剥奪が減少するという，これとは逆のパラドックスを示している．これらを，定理と系の形で以下に記す．

定理 5.1 (第 2 パラドックス定理)． ジニ係数で示される不平等度が減少し

[*6] 社会的相対的剥奪が一定 ($D' = 0$) の場合のパターンについても容易に考えることができるが，ここでは増加と減少のみに焦点を当てる．

[*7] Wodon & Yitzhaki (2009) は同時に，イツハキ型の相対的満足指数 S^Y も，経済成長と相対的剥奪の高まりに付随して増加することを指摘している．

ないとき，平均所得の増加によって，社会的相対的剥奪指数は増加する．つまり，

$$G' \geq 0 \wedge \mu' > 0 \implies D' > 0. \tag{5.3}$$

系 5.2 (経済衰退と相対的剥奪のパラドックス)．ジニ係数で示される不平等度が上昇しないとき，平均所得の減少によって，社会的相対的剥奪指数は減少する．つまり，

$$G' \leq 0 \wedge \mu' < 0 \implies D' < 0. \tag{5.4}$$

5.3.2 チャイナ・パズルの「解」

図 5.1 の中国における平均所得の推移と図 5.2 のジニ係数の推移から分かるように，ブロックマンらによって提示されたチャイナ・パズルの状況は，定理 5.1 の第 2 パラドックス定理の具体例であると解釈することができる．

図 5.1 と図 5.2 より，中国における社会的相対的剥奪指数の推移を算出したものが図 5.4 である．平均所得とジニ係数がともに増加傾向にあったため，平均所得とジニ係数の積である社会的相対的剥奪指数は，特に 1990 年以降急激に上昇する．さらに，一貫して農村部よりも都市部の相対的剥奪度

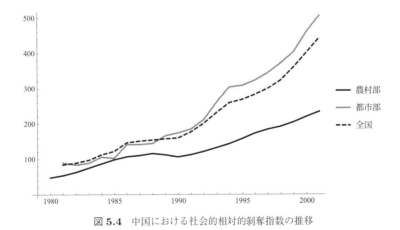

図 **5.4** 中国における社会的相対的剥奪指数の推移

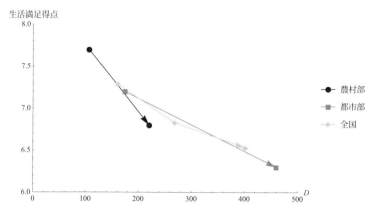

図 5.5 社会的相対的剥奪指数と平均生活満足得点との散布図（農村部・都市部：1990 → 2000，全国：1990 → 1995 → 2000）

の方が高く，その差は 1990 年以降急激に開きつつある[*8]．つまり，剥奪の高さでいえば，都市部よりも農村部においてジニ係数で測られる不平等度が一貫して高かったこととは反対の傾向を示している．

これらの社会的相対的剥奪指数の傾向と平均生活満足得点の傾向とは一貫して対応している．それを散布図によって示したのが図 5.5 である．矢印はそれぞれの領域での 1990 年から 2000 年にかけての変化を表している．

図 5.5 より，社会的相対的剥奪指数と平均生活満足得点とは強い負の相関を示していることが分かる．実際，両者の間の相関係数は -0.946 である．このように，マクロ・レベルでは，チャイナ・パズルは社会的な相対的剥奪の高まりというメカニズムによって説明することができる．

[*8] ここで，農村部・都市部それぞれの相対的剥奪指数は，それぞれの地域を準拠集団として域内のみで所得比較した場合の平均的な剥奪度のことであり，D_{kk} に相当する．

5.4 経済成長と平等化による相対的剥奪の上昇

5.4.1 強パラドックス定理

定理 5.1 の第 2 パラドックス定理のうち，(1) $G' > 0$, $\mu' > 0$ のケースでは，所得の相対的な格差が増大し，比較次元の所得の絶対量も増加するため，結果的に上方比較の集積である相対的剥奪が増加するということは比較的直感的に理解しやすい．一方，(2) $G' = 0$, $\mu' > 0$ のケースでは，所得の相対的な格差は一定であるにもかかわらず，比較次元の所得の絶対量の増大のみによって，社会的相対的剥奪が増大することを示しており，やや直感的ではないかもしれない．しかしながら，経済成長と相対的剥奪の関係においてパラドキシカルなのはそれらのケースだけではなく，(3) $\mu'G + \mu G' > 0$ という条件下で $\mu' > 0$, $G' < 0$ のケースでも，社会的相対的剥奪は増加する[*9]．このケースでは，所得の相対的な格差が縮小し，所得の総量も増加するという，2 重の意味で社会的に好ましいと思われる変化にあっても，相対的剥奪はむしろ増加することがあり得ることを示しており，パラドックスの中でもとりわけ「強いパラドックス」であるといえる．そこで次に，こうした強いパラドックスの特殊ケースを「強パラドックス定理」として示す．

ここでは，経済成長に伴う所得の変化として，「準線形関数 (quasi-linear function)」を仮定する．経済成長前に y の所得を得ていた個人の成長後の所得を $\tau(y)$ として，

$$\tau(y) = g(y) + y \tag{5.5}$$

とおく．ここで，$g(y)$ は経済成長による所得の増分を示す関数である．

このとき，以下の定理が成立する．

定理 5.3 (経済成長と相対的剥奪の強パラドックス)．所得増分関数 $g(y)$ が正の狭義単調増加凹関数 ($g(y) > 0$, $g'(y) > 0$, $g''(y) \leq 0$) で，かつ，次の

[*9] この条件は，$\mu'/\mu > -G'/G$, $\mu' > 0$, $G' < 0$ とも変形できる．つまり，所得の成長率が不平等の減少率の正の値を上回る場合に，社会的相対的剥奪は増加する．

条件
$$g(y) > g'(0)y \tag{5.6}$$
を満たす関数であるとする．このとき，経済成長に伴う所得変化 $\tau(y) = g(y) + y$ によって，平均所得は増加し，ジニ係数の値は減少する一方，所得最上位の個人を除くすべての個人の個人的相対的剥奪指数の値は増加し，結果的に社会的相対的剥奪指数の値は増加する．すなわち，

$$g(y) > 0,\ g'(y) > 0,\ g''(y) \leq 0,\ g(y) > g'(0)y$$
$$\implies \mu < \mu_\tau,\ G > G_\tau,\ \forall y \in [0, y^*),\ D(y) < D_\tau(\tau(y)),\ D < D_\tau \tag{5.7}$$

ただし，$\mu_\tau, G_\tau, D_\tau(z), D_\tau$ は，それぞれ経済成長後の平均所得，ジニ係数，個人的相対的剥奪指数，社会的相対的剥奪指数を表す．

証明． 前件より，τ について
$$\tau(y) > y,\ \tau'(y) > 1,\ \tau''(y) \leq 0,\ \tau(y) > \tau'(0)y \tag{5.8}$$
を得る．さらに，最後の不等式の両辺の期待値をとって
$$\forall y \in [0, y^*],\ \tau(y) > \tau'(0)y \implies \mu_\tau > \tau'(0)\mu \tag{5.9}$$
を得る．$\tau'(0) > 1$ なので $\mu < \mu_\tau$ となる．

積分の変数変換によって，
$$D_\tau(\tau(y)) = \int_{\tau(y)}^{\tau(y^*)} (1 - F_\tau(u))du \tag{5.10}$$
$$= \int_y^{y^*} \tau'(z)(1 - F(z))dz \tag{5.11}$$

を得る．ただし，ここで F_τ は成長後の所得分布関数であり，τ の狭義単調性より $F_\tau(\tau(y)) = F(y)$ であることに注意する．さらに，積分法の平均値の第 1 定理 (the first mean value theorem for integration)[*10]によって，

[*10] 平均値の第 1 定理とは，次のような定理である (高木 2010: 107, 定理 33)．

$$\int_y^{y^*} \tau'(z)(1-F(z))dz = \tau'(c(y))\int_y^{y^*}(1-F(z))dz \qquad (5.13)$$

なる点 $c(y) \in (y, y^*)$ が存在する．ゆえに，$D_\tau(\tau(y)) = \tau'(c(y))D(y)$．$\tau'(y) > 1$ より，

$$\forall y \in [0, y^*], \ D(y) < D_\tau(\tau(y)) \qquad (5.14)$$

を得る．$y^* > 0$ のとき，両辺の期待値をとって $D < D_\tau$ となる．

最後に，$G > G_\tau$ を導く．$\tau''(y) \leq 0$ より，

$$\forall y \in [0, y^*], \ D_\tau(\tau(y)) = \tau'(c(y))D(y) \leq \tau'(y)D(y) \leq \tau'(0)D(y) \qquad (5.15)$$

となり，これにより

$$D_\tau = E[\tau'(c(y))D(y)] \leq E[\tau'(y)D(y)] \leq E[\tau'(0)D(y)] = \tau'(0)D \qquad (5.16)$$

を得る．不等式 (5.9) と (5.16) によって，

$$G_\tau = \frac{D_\tau}{\mu_\tau} \leq \frac{\tau'(0)D}{\mu_\tau} < \frac{D}{\mu} = G \qquad (5.17)$$

を得る． □

この定理より，表 5.1(3) の特殊ケースとして，準線形関数による所得変化によって，平均所得の増加と所得分布の平等化が同時に進む場合でも，所得最上位の個人を除くすべての個人の個人的相対的剥奪が高まり，結果的に社会的相対的剥奪が高まるケースがあることがいえる．

さらに，経済が衰退し不平等化する場合にも，ある条件下で社会的相対的剥奪が減少するという表 5.1(8) の特殊ケースとして以下の系が自明なこととして成立する．

定理 5.4 (平均値の第 1 定理)．区間 $[a, b]$ において $f(x)$ は連続，$\varphi(x)$ は積分可能で，一定の符号を有するならば，$a < \zeta < b$ を満たすある点 ζ において

$$\int_a^b f(x)\varphi(x)dx = f(\zeta)\int_a^b \varphi(x)dx. \qquad (5.12)$$

系 5.5 (経済衰退と相対的剥奪の強パラドックス). 定理 5.3 における所得変化関数 τ の逆関数 τ^{-1} による所得変化によって，平均所得は減少し，ジニ係数の値は増加する一方，所得最上位の個人を除くすべての個人の個人的相対的剥奪指数の値は減少し，結果として社会的相対的剥奪指数の値は減少する．

本章では，経済成長と相対的剥奪のパラドックスが主たる関心であるが，ここで経済衰退と相対的剥奪のパラドックスの経験的な事例にも触れておこう．古市 (2011) は，「国民生活に関する世論調査」における生活満足度の推移から，日本の若年層（20 歳代）の生活満足度（満足と回答する者の割合）が上昇しており，若年層の雇用環境や将来性が厳しいといわれているなか，2010 年には 20 歳代の 7 割が「満足」と答えていることを見いだし，「絶望の国の幸福な若者たち」というセンセーショナルなフレーズでこれを問題化している．

彼はこうしたパラドックスの 1 つのメカニズムとして相対的剥奪，特に「仲間内」という小さな世界での相互比較による相対的剥奪を挙げている．社会全体ではなく「仲間内」を準拠集団とすることによって，相対的剥奪が低下するという準拠集団そのものの効果は，4 章の理論の通りである．それに加えて，系 5.2 は集団内での相対的な不平等度が増加しなければ，集団の平均所得の減少によって剥奪はむしろ減少することを示しており，系 5.5 は，ある特殊な所得変化の下では，集団内の相対的な不平等度が増加してもなお，平均所得の減少によって剥奪が減少することを示している．つまり，皆がそろって状況が悪化すればそれだけ剥奪の絶対量は低下することになる．もちろん，適切な経験的データを用いたミクロ・マクロ両レベルでの検証は不可欠ではあるが，これらの系は古市が見いだしたような「絶望の国の幸福な若者たち」の理論的な存在可能性を示しているといえる．

5.4.2 強パラドックス定理の解釈と注意点

強パラドックス定理が成立する状況とは実際にどのようなものであろう

か．所得の増分関数 $g(y)$ の前提条件は，以下のような経済成長による所得増加を意味している．

(a) すべての個人は，経済成長によって何らかの増分を得る ($g(y) > 0$)
(b) 経済成長による所得の増分量は成長前所得に比例して増加する．つまり，成長前の所得が多ければ多いほど，経済成長からの恩恵は大きくなる ($g'(y) > 0$)
(c) しかし，成長前所得に比例して増加する所得の増分効果は，一定もしくは逓減する ($g''(y) \leq 0$)
(d) すべての個人は，経済成長によって，成長前所得に比例して増加する所得増分のほかに，全員に共通した十分な大きさの増分を得る ($g(y) > g'(0)y$)[*11]

また，最後の条件 (d) は，経済成長によって社会の所得総量が十分に大きくなることを導く ($\mu_\tau > \tau'(0)\mu$)．

経済成長による所得変化 τ は，単純化して言えば，経済成長前の所得水準に比例した所得増加とともに，全員の所得を一様に底上げする所得増加が同時に起こるような所得変化である．その典型例は以下のような線形の変化である．

$$\tau(y) = ay + b. \tag{5.18}$$

このとき，$g(y) = (a-1)y + b$ であるので，$a > 1$, $b > 0$ であれば，$g(y) = (a-1)y + b > 0$, $g'(y) = a - 1 > 0$, $g''(y) = 0$, $g(y) - g'(0)y = b > 0$ となり，定理 5.3 の前件を満たす．実際，以下が成り立つ．

[*11] 条件 (d) についてさらに補足説明しておこう．ここでいう「成長前所得に比例する増分部分ではない全員に共通する増分」は定数 $g(0)$ である．増分関数 $g(y)$ をマクローリン展開すると，$g(y) = g(0) + g'(0)y + \varepsilon$ である．ただし，ε は 2 次項以降の合計であり，$\varepsilon = \sum_{n=2}^{\infty} g^{(n)}(0)y^n/n!$ である．条件 $g(y) > g'(0)y$ が満たされるためには，$g(y) - g'(0)y = g(0) + \varepsilon > 0$ でなければならない．さらに，$g(y)$ は非負なので，$g(0) > \max\{0, -\varepsilon\}$ より，定数 $g(0)$ は ε が大きな負の値をとるほどに大きくなければならない．例えば，$g''(y) < 0$ かつ $n > 2$ のとき $g^{(n)} = 0$ の場合，逓減効果が大きければ大きいほど定数部分は大きくなければならない．

$$\mu_\tau = a\mu + b, \tag{5.19}$$

$$D_\tau(\tau(y)) = \int_y^{y^*} \tau'(z)(1 - F(z))dz = aD(y), \tag{5.20}$$

$$D_\tau = aD, \tag{5.21}$$

$$G_\tau = \frac{D_\tau}{\mu_\tau} = \frac{D}{\mu + b/a}. \tag{5.22}$$

ゆえに,

$a > 1, b > 0$

$\implies \mu < \mu_\tau,\ G > G_\tau,\ \forall y \in [0, y^*],\ D(y) < D_\tau(\tau(y)),\ D < D_\tau \tag{5.23}$

が成り立つ.

　τ による所得変化は,社会のすべての個人の所得を上昇させる一方で,誰の所得も減少させない.そこで,各個人が所得に対して単調増加する効用関数をもっていると仮定した場合,この所得変化は全員の効用を高めるという意味で「パレート改善」である[*12].そしてパレート改善となる所得分布の変化は社会的にも望ましいものであるはずである.社会的厚生による所得分布の評価を定式化したアンソニー・アトキンソンの定理 (Atkinson 1970) に従って,実際にこのことを確認しよう.$\forall y \in (0, y^*),\ f(y) > 0$ と仮定すると,強パラドックス定理の前提条件 $\tau(y) > y$ と $\tau'(y) > 1$ より,

$$\forall y \in (0, y^*),\ F(y) = F_\tau(\tau(y)) > F_\tau(y) \tag{5.24}$$

である.このことから,

$$\forall y \in [0, \tau(y^*)],\ \int_0^y [F(z) - F_\tau(z)]dz \geq 0 \tag{5.25}$$

がいえる.アトキンソンによれば式 (5.25) は,任意の単調増加凹関数である効用関数 $U(z)$(ただし,$U' > 0,\ U'' \leq 0$)の総和によって定義される社会的厚生関数

[*12] ここでパレート改善とは,誰の効用を悪化させることなく,少なくとも 1 人の効用を高めるように分配方法を変更することである.

$$W = \int_0^{y^*} U(z)f(z)dz \tag{5.26}$$

による所得分布の評価において，所得分布 F_τ が F よりも常に社会的に選好されることを導く．

このように，このタイプの経済成長は社会の所得総量を増加させ，パレート改善の意味においても，厚生評価についてのアトキンソン定理の意味においても好ましい社会状況をもたらす．加えて，所得の底上げによって不平等の指数であるジニ係数を減少させる．しかしながら，経済成長は同時に，個人レベルそして社会レベルの相対的剥奪を上昇させるのであり，強いパラドックスを帰結するのである．

しかしながら，強パラドックス定理を解釈する際にいくつかの注意すべき点がある[*13]．

まず，イツハキの相対的剥奪指数 $D(y)$，D は規格化された指数ではないため，所得の名目的な増加と実質的な増加を分けて考える必要がある．規格化された所得変数を用いない場合には，相対的剥奪指数は通貨の違いや通貨単位の変更（デノミネーション）といった名目的な変化によって変動する．それゆえ，定理の解釈に際しては，経済成長による所得の実質的な増加という前提条件を付け加えて考えるべきである．

定理の適応範囲を所得の実質的な変化に限ったとしても，やはり解釈には注意が必要である．イツハキの相対的剥奪指数は，実際の所得額が単位となるため，定理が実質的な意味を持つためには，人々の金銭的な価値基準が経済成長による所得変化によっても変わらないことを想定する必要がある．こうした状況は，急激な経済発展によって，多くの人々が「ニュー・リッチ」になったにもかかわらず，以前の金銭的価値基準がなかなか抜けきれずに，今となっては相対的に小さな違いに以前と変わらず執着するといった場面で典型的に現れる．実際のところ，1990 年代の中国の価値観はこれに近かっ

[*13] 以下の諸点については，与謝野 (2012) によって相対的剥奪指数と強パラドックス定理の課題として，部分的に指摘されている．

たのかもしれない．

　一方，もし人々の金銭的価値基準が経済変動によって変わるケースを考える場合には，人々の意識の変動を説明する際に相対的剥奪の相対的測度を用いる方が適切かもしれない．例えば，Kakwani (1984) と Chakravarty (2009) は，「個人的剥奪の相対指数」として，個人的相対的剥奪指数を規格化した $D^s(y) = D(y)/\mu$ という定義をイツハキの「絶対指数」に対応するものとして導入している[*14]．この場合，強パラドックス定理の前提条件が保持されたとしても，$D^s(y)$ はジニ係数と同様に減少する．つまり，所得の相対的価値での比較では，経済成長によって相対的剥奪も減少するという結論になる．これは，経済成長によって上昇した新たな所得水準に時間差をおいて人々が「適応」する結果，一時的に急激に高まった不満が解消する過程と対応していると解釈することができるだろう．実際のところ，2007 年の世界価値観調査の結果では，中国の国レベルの生活満足得点は 6.76 であり，2000 年から若干の上昇を見ている．

5.5　イースタリン・パラドックスについての注釈

　ここで，不幸な成長パラドックスとの関連で言及したイースタリン・パラドックスについて触れておこう．

　イースタリン・パラドックスは，経済成長によって国レベルでの豊かさが上昇するにもかかわらず，国レベルの幸福感が一定となる傾向を指摘したものである．

　イースタリンはこのパラドックスの典型的な事例の 1 つとして，戦後日本の経済発展を取り上げている (Easterlin 1995)．ここで，イースタリンが例示に用いた，内閣府の「国民生活に関する世論調査」における生活満足度の推移を確認しよう[*15]．

[*14] Chakravarty (2009) はまた，絶対指数と相対指数の中間的な指数を $D(y_i)/(\alpha\mu + 1 - \alpha), 0 \leq \alpha \leq 1$ と定義して導入している．

[*15] イースタリン自身は，4 件法で尋ねられている生活満足感の平均値を 0 から 10 点に規格

図 5.6 日本における現在の生活に対する満足度の推移（1958–2011 年）
出典：内閣府『平成 24 年国民生活に関する世論調査報告書』図 4
(http://survey.gov-online.go.jp/h24/h24-life/zh/z04.html).

図 5.6 は，現在の生活に対する満足を尋ねる質問項目に対して満足もしくは不満と答えた者の割合の推移を示している[*16]．また，図中の点線は，1992 年までの推移の線形近似，1993 年以降の推移の線形近似を表している．

一方，図 5.7 は日本における平均所得の代理指標として，同時期の 1 人当たり名目 GDP の推移を示している．統計のある 1955 年から，1 人当たり GDP は一貫して上昇し，1993 年に初めて減少に転じ，その後は多少上下しつつ横ばいに推移している．図 5.6 に点線で示したように，生活満足度は

化した指標を用いている．この指標によるデータは，ルート・ビーンホーフェンが主宰する「世界幸福データベース」(http://worlddatabaseofhappiness.eur.nl) で入手できる．この指標と図 5.6 で用いている満足割合との間で大きな傾向の違いはない．

[*16] 1991 年以前の調査については，「十分満足している」と「一応満足している」を合わせて「満足」，「まだまだ不満だ」と「きわめて不満だ」を合わせて「不満」としている．1992 年以降の調査については，「満足している」と「まあ満足している」を合わせて「満足」，「やや不満だ」と「不満だ」を合わせて「不満」としている．しかしながら，厳密には調査時期によって 4 種類のワーディングが用いられている．また，1974, 75, 76 年については年 2 回調査が実施されているため，これらの年については 2 回の結果の平均を取った．さらに，1998 年と 2000 年には生活満足のデータがないため，それぞれ前後の年の値の平均を代入している．

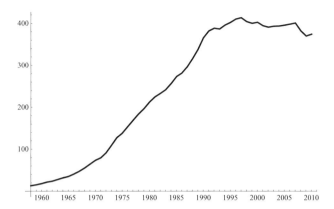

図 5.7　日本における 1 人当たり名目 GDP（単位：万円）の推移（1958–2011 年）
出典：内閣府『平成 24 年度年次経済財政報告』(http://www5.cao.go.jp/j-j/wp/wp-je12/h10_data01.html)．

GDP の上昇に緩やかに対応している[*17]．しかしながら，40 年近くの間で 1 人当たり GDP が 30 倍近い増加を示すのに対して，生活満足度の上昇には一貫性がなく全体的な傾向としても緩やかであり，1 人当たり GDP の一貫した大きな上昇をあまり強く反映していないように見ることができる[*18]．

このような豊かさと生活満足度の関係を，イツハキの社会的相対的剥奪指数によって説明することはできるだろうか．

図 5.8 右上は，所得再分配調査から得た 1962 年から 2008 年までの所得再分配後のジニ係数 (G) である．そして，左上の所得再分配調査の調査年に合わせた 1 人当たり名目 GDP を平均所得の代理指標 (μ) として，左下に社会的相対的剥奪指数 (D) を計算したものである．また，右下には 1 人当た

[*17] 生活満足度と 1 人当たり GDP の相関は 0.402 であり強くはないものの正の相関はあるといえる．

[*18] Easterlin (1995) では，1987 年までのデータが用いられており，この場合は GDP 上昇と生活満足との関連はさらに小さくなる．一方，Stevenson & Wolfers (2008) は，生活満足の質問項目が，調査時期によって 4 種類のワーディングが用いられていることに注意し，ワーディングの違いの影響をダミー変数によって取り除くと，1 人当たり GDP と生活満足の間により強い関連が見られることを指摘している．

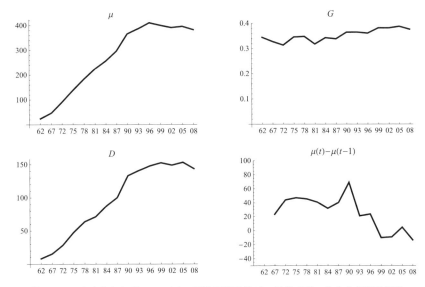

図 5.8 1 人当たり名目 GDP(μ), 所得再分配後ジニ係数 (G), 社会的相対的剥奪指数 (D), 1 人当たり名目 GDP の増分 ($\mu(t) - \mu(t-1)$)（1962–2008 年）
ジニ係数の出典：厚生労働省「所得再分配調査」.

り名目 GDP の 1 期ごとの増分 ($\mu(t) - \mu(t-1)$) を示している．G は期間を通して多少の増減がありながら微増のトレンドを示しており，それに合わせて D は μ とほぼ同様の推移を示している．つまり，理論上の相対的剥奪の急上昇に対応して生活満足度が緩やかに上昇しており，理論的に期待される相対的剥奪と生活満足度の負の相関関係は見られない．

ではなぜ，チャイナ・パズルのように，相対的剥奪の高まりに合わせて生活満足度が低下する事例もあれば，日本の例のように相対的剥奪の高まりが生活満足度の低下をもたらさない事例があるのだろうか．もちろん，生活満足感を規定する要因としては，所得以外にも，雇用，健康，人間関係，そして社会体制の違いなど様々な要因があることが知られており，そうした要因の違いも考慮しなければならない．しかし，ここでは所得の比較という点に焦点を絞り，3 点の理論的可能性に言及し，相対的剥奪の理論的・実証的研究のさらなる発展への道標としたい．

まず第 1 に，先述の通り，イツハキの相対的剥奪指数の時間的変化が，意味を持って解釈されるためには，人々の抱く金銭的な価値基準が変化せずに一定であるという想定が必要であった．チャイナ・パズルのような短期間で急激な変化についてはこのような想定は可能であるが，日本の例の場合，40 年近くにわたって継続的な経済規模の拡大とそれに伴う物価上昇を経験している．このような例の場合，初期の金銭的価値基準を人々が継続して持ち続けていると想定することは難しい．それぞれの区切りにおいて，新たな価値基準への適応が起こっていると想定する方が自然である．さらに，データの期間が長期間に渡る場合，調査対象者の入れ替わりも考えておかなければならない．国民生活に関する世論調査の母集団は，全国 20 歳以上の者であるが，調査回数を重ねるごとに，古い価値基準を保持した古い世代が退出し，より最近の価値基準にあらかじめ適応していると考えられる新しい世代が入ってくる．こうした調査対象世代の入れ替わりも，全体として新しい価値基準への適応を促す．このような場合は，相対的剥奪の絶対指数 D よりも相対指数 G の変化の方が，より実感に近いかもしれない．

第 2 に，上方比較による相対的剥奪が，下方比較による相対的満足によって打ち消されている可能性もある．3.3.3 項で導入したヘイとランバート型の社会的相対満足指数 S は剥奪指数 $D = \mu G$ と等しいのであった．人々の総合的な満足感が上方比較と下方比較の合計によって決まっていると仮定した場合，社会的なレベルでは，上方比較による不満は下方比較による満足によって完全に打ち消され，総合的な生活満足度は社会的なレベルでは変化しないという結論になる．

第 3 に，比較の方向の問題がある．Clark et al. (2008) は，イースタリン・パラドックスの理論的説明のタイプとして，同時点の他者との比較（相対所得）とともに，過去の自分の所得との比較を，所得についての適応メカニズムとして挙げている．前者を水平比較，後者を垂直比較と呼ぶことにしよう．水平の上方比較については相対的剥奪指数が，下方比較については相対的満足指数が対応する．一方，垂直比較については現在と過去の所得差を考えることができ，社会全体では現在と過去の所得差の平均は平均所得の差

で表すことができる[*19]．図 5.8 の右下は，試みに時系列データから 1 期ごとの所得差 ($\mu(t) - \mu(t-1)$) を算出したものである．1 人当たり GDP 増大期には，所得差はプラスであるが，1990 年を頂点に所得差は 0 からマイナスに減少している．こうした過去との比較の効果も生活満足度の動きと関連していると考えられる．垂直比較の所得差を考える場合には，相対的剥奪の場合と同様に絶対指数で取るか相対指数（成長率）で取るかといった定義の違いや，過去をいつの時点と設定するかによって傾向が異なってくることに注意しなければならない．

これら 3 点の要因を考慮に入れた発展的なモデルを構築する場合でも，データや事例への適合度を上げるためにアド・ホックにモデルを複雑にしていくべきではない．これらの要因が，社会や時代によって効力を持ったり持たなかったりすることを説明する，より基底的なメカニズムを考える必要がある．こうしたメカニズムを十分に考慮することによって，さまざまなパラドックスを射程に収めた，より説明力の高い包括的な発展モデルを展開していくことができるだろう．

5.6　経済成長の負の影響としての相対的剥奪

本章では，デュルケムの指摘する「アノミー的自殺」において先駆的に見られた，急激な経済成長による不満の高まりというパラドキシカルな関係を，「近代化と相対的剥奪の第 2 パラドックス」という形で定式化した上で，それが相対的剥奪のメカニズムから導き出されることを示した．社会的相対的剥奪指数と平均所得，ジニ係数との関係から，ジニ係数が減少しない限り，平均所得の増加によってマクロ・レベルでの剥奪は必ず増大する．これが，「不幸な成長パラドックス」と呼ばれるような経済成長と幸福の関係についての 1 つの説明枠組みを提供する．本章では，これを具体的に「チャイナ・パズル」の事例において検討した．そして，さらにジニ係数が減少す

[*19] ただし，ここでは現在と過去で社会の成員に入れ替わりがないことを仮定している．

る場合にも，平均所得の増加によってミクロ・マクロの両レベルで相対的剥奪が上昇しうることを「強パラドックス定理」という形で示した．こうした相対的剥奪の第2パラドックスが，現実的な意味を持つためには，人々が所得の絶対額による比較を行っていること，そして金銭的価値基準が経済成長によっても変化しないことが前提となる．ゆえに，ここで指摘した相対的剥奪のメカニズムは，急激な経済成長によって，人々の成長への適応が追いついていないような時期に不満が高まることを説明するものと位置づけることができるだろう．

近代化と相対的剥奪の第2パラドックスは，相対的剥奪という近代社会に普遍のメカニズムによって，人々の不満の高まりという経済成長の負の影響が引き起こされることを示している．また，強パラドックス定理は，社会の豊かさを具体化したものとしての平均所得の上昇や，相対的な不平等指数の減少といった社会的に達成目標となる社会指標とは別に考慮すべき社会指標があることを教えてくれる．相対的剥奪をテクノクラート的な目線からコントロールすべきものと捉えるか，また下からの社会変革をもたらす動力として積極的な意味づけを与えるかといった，パラドックスについての政策的含意については様々な見方があるだろう．しかし，どのような見方をとるにせよ，われわれは近代化に付随する相対的剥奪のメカニズムを正しく認識し向き合っていく必要がある．

第III部

相対的剥奪の計量社会学

第 III 部では，イツハキの相対的剥奪指数を経験的データの計量分析に応用することを試みる．

6 章では，階層意識生成プロセスにおける他者比較メカニズムを，理論的に統一的な視座から計量モデルに導入することを目指し，イツハキの個人的相対的剥奪指数，そしてその関連指数として相対的満足指数，平均からの乖離を示す総合評価指数を導入し，2005 年 SSM 調査データを用いて，収入ならびに生活全般の満足感を説明する分析を行う．

分析の結果以下のことが明らかになった．収入満足については，男性において個人収入の他者比較による剥奪度が，収入の多寡そのものとは異なる独自の規定力を持つことが分かった．特に，年齢階層を準拠集団とした剥奪度がもっとも説明力を高めた．一方，女性においては個人収入の他者比較の規定力は見いだされず，女性については男性とは異なる評価メカニズムが示唆された．生活満足については，世帯単位の収入比較による剥奪度が大きな負の効果をもち，絶対額よりも強く満足感を規定していることが明らかになった．特に，回答者の性別や年齢階層といったデモグラフィックな準拠基準，そして市郡規模という地理的な準拠基準が，職業階層や教育レベルという社会経済的地位基準と比べて相対的に大きな説明力を持っていることが分かった．

7 章では前章の知見を補完するものとして，「準拠集団と相対的剥奪」というテーマのもと実施されたインターネット調査結果をもとに，人々の所得に関する比較準拠集団の選択傾向，そして社会全体と準拠集団に関する所得分布イメージの傾向を分析する．さらに，所得分布イメージにもとづく所得評価のモデルとして，イツハキの相対的剥奪指数とその関連指数を導入し，これが客観的な所得レベルとは独立の効果を主観的幸福感に対してもっているかどうかを検証する．

その結果，社会全体の所得分布イメージ上の相対的剥奪指数は有意な効果が見られなかった一方で，準拠集団の所得分布イメージ上の相対的剥奪指数は幸福感に対して有意な負の効果を持っていることが分かった．そして，準拠集団イメージ上の相対的剥奪指数がその他の関連指数の中でもっともモデ

ルの説明力を高めた．このことは，各個人の主観的な所得分布イメージ上での上方比較による他者比較メカニズムが，主観的幸福感を規定する他者比較メカニズムとして最も尤もらしいモデルであることを示している．

最後に，8 章では，分配的正義論における「機会平等の原則」に基づき，人々の剥奪を「剥奪を生じさせる要因が機会の不平等によるものかどうか」によって分けることで，相対的剥奪指数，そしてジニ係数を分解するという分析手法を提案する．分解法の数理的な導入とともにアメリカ・コミュニティ調査データと 2005 年 SSM 調査データを用いた分析例が示される．

ここで提案される分解法には，応用上いくつかの注意すべき特性があるものの，限られた情報から機会不平等を把握するための分析道具として，広い応用可能性をもっているといえる．

第6章
相対的剥奪と準拠集団の計量モデル[*1]

6.1 問題の所在

階層意識や関連する社会意識は，その個人の客観的な属性や社会経済的地位によって規定されるだけではなく，「他者との比較」というメカニズムを通して生まれる，という指摘はさまざまなかたちでなされてきた．

近年，社会心理学，社会学そして経済学にまたがって研究が盛んな主観的幸福 (subjective well-being) 研究の領域では，所得の増加が必ずしも幸福感の上昇を伴わないという「イースタリン・パラドックス」(Easterlin 1974, 1995, 2005) を説明するために，所得の絶対基準だけではなく他者との比較による相対基準が幸福感を規定するという相対所得仮説が，1つの有力な説明枠組みとなっている (Clark et al. 2008)．また，相対所得変数を加えたモデルによる計量分析もさまざまになされている (Clark & Oswald 1996; Mcbride 2001; Ferrer-i-Carbonell 2005; Senik 2008; Clark & Senik 2010)．

さらに，日本の社会階層と社会移動全国調査（以下，SSM 調査）[*2]データを用いた研究では，1985 年データを用いて，所得満足度を自らの所得レベル付近の平均所得と自らの所得の比較によって説明する「δ 区間モデル」を提案した浜田 (2001) の研究がある．

[*1] 本章は，石田 (2011) をもとに，さらに加筆修正したものである．再録に当たっては，数理社会学会編集委員会の許可を得たことを記して感謝する．

[*2] SSM 調査は，日本の社会学者のグループによって 1955 年から 10 年ごとに行われている，社会階層と社会移動をテーマとした全国調査である．

階層意識の中核をなす階層帰属意識研究においても，他者比較のメカニズムが 1 つのキーファクターと見なされている[*3]．ファラロと髙坂による FK モデルでは，他者と自己の多次元階層的地位のヒューリスティックな比較が，バイアスのかかった階層イメージを発生させ，その結果「中」に集中する帰属意識分布が生成されるというメカニズムが提示されている (Fararo & Kosaka 2003; 髙坂 2006)．

階層帰属意識を被説明変数にして他者比較の要因を説明モデルに組み込んだ計量的な研究としては，アメリカの総合的社会調査 (GSS) データを用いて社会ネットワークの近隣者との学歴比較を組み込んだ研究 (星 2000)，SSM 調査データを用いて居住地域の所得レベル (小林 2004)，あるいは居住地域の教育レベル (数土 2010) の帰属意識への影響を検証した研究などがある．

これらの数理・計量モデルは，他者比較の結果得られる相対的な地位（のイメージ）が地位認識や地位に基づく満足／不満を規定する，という基本的枠組みを共有している．他者比較による意識の生成というメカニズムは，「準拠集団と相対的剥奪の理論」において明確に主題化されており，上述の階層意識を説明しようとする数理・計量モデルも明に暗に，準拠集団と相対的剥奪のアイデアを組み込んでいると見なすことができるものの，これらの概念を理論的に統一的な視座から操作化しているわけではない．

そこで，本章ではイツハキによる相対的剥奪指数 (Yitzhaki 1979) とそれに関連する指数を「他者比較モデル」として計量分析に導入することで，他者比較による階層意識生成メカニズムを理論・実証の両面から統一的な視座で把握することを目指したい．これまで述べてきたように，イツハキの相対的剥奪指数は，他者比較のメカニズムを明確に取り込む指数であり，不平等測度であるジニ係数と密接な関連を持つという理論的性格を備えている．そして，比較の「対象」や「範囲」，さらには比較の際の「認識方法」の仮定を

[*3] 階層帰属意識は，SSM 調査においては，「かりに現在の日本の社会全体を，5 つの層に分けるとすれば，あなた自身は，このどれに入ると思いますか」と尋ねた上で，「上／中の上／中の下／下の上／下の下」の 5 件法で回答を求めたものである．

変更して指数を拡張することによって，相対的剥奪／満足をさまざまなかたちで操作化できるという指数としての統一性をもっている．このようにイツハキの相対的剥奪指数は，計量分析においても大きな展開可能性を持っているが，本章では特に，所得を比較の対象として「所得と幸福のパラドックス」を相対的剥奪の観点から追求したい．具体的には，2005 年 SSM 調査データを用いて，準拠集団と相対的剥奪（満足）という観点から収入に対する満足感，そして主観的幸福感の代理指標としての生活満足感を計量モデルによって説明することを試みる[*4]．

イツハキの研究以後，主に不平等指数との関連から相対的剥奪指数の公理化や一般化の理論的研究が行われてきたが，近年になって，個人的相対的剥奪指数とその派生指数を主観的幸福や健康指標を説明する変数として導入する計量的研究がなされるようになった．

D'Ambrosio & Frick (2007) は，ドイツ社会経済パネルデータを用いて，イツハキの個人的相対的剥奪指数 $D(y)$ によって所得満足度を説明するモデルを構築・分析し，絶対的な所得レベルや所得ランクよりも相対的剥奪指数がより強い効果を持つことを実証している．Eibner & Evans (2005) は，州・年齢・人種・教育レベルを比較対象選定基準と仮定して，イツハキの個人的相対的剥奪指数とその派生指数を用い，アメリカの健康調査データから相対的剥奪度と不健康の間に正の連関を見いだした．Stewart (2006) は，イツハキ指数に代わる貧困指数に基づく新たな相対的剥奪指数を提案している．そして，職業カテゴリーを準拠集団と仮定しながら，イツハキ指数と新たな指数それぞれによって，GSS データの主観的幸福と主観的健康の説明を試みている．ここでも，相対的剥奪度は幸福・健康と負の連関が見られた．Reagan et al. (2007) は，居住地域を準拠集団と仮定したイツハキ指数とその派生指数を用いて，子宮内胎児発育遅延リスクと相対的剥奪の連関を指摘している．Subramanyam et al. (2009) は，州・人種・ジェンダー・

[*4] 2005 年 SSM 日本調査データの使用については 2005 年社会階層と社会移動調査研究会の許可を得た．2005 年 SSM 調査の基礎的情報は佐藤・尾嶋編 (2011) を参照のこと．

教育レベル・年齢の組み合わせを準拠集団と仮定して，個人的相対的剥奪指数が主観的不健康に対して，所得の絶対レベルとは独立した正の効果を持つことを，アメリカの人口動態調査データによって実証している．そして，Kondo et al. (2009) は日本国内のデータを用いて 65 歳以上の高齢男性について，地域・年齢・性別・教育レベルの組み合わせを準拠集団と仮定して，イツハキ指数で測られる相対的剥奪と認知・身体機能障害ハザードとの有意な関係を見いだしている．本章ではこれらの先行研究を参考にしつつ，2005 年 SSM 調査データを用いて，個人的相対的剥奪指数とその関連指数を，準拠集団における所得を対象とする比較のメカニズムを表す変数として導入することによって，人々の所得や生活全般に対する満足感の説明を試みる．

6.2 他者比較モデルの導入

6.2.1 分析枠組み

本章では，以下の仮説を設定して分析を進める．

(1) 人は，準拠集団における他者比較を通して自らの所得に対する評価を形成する
(2) 他者比較によって形成された評価は，その個人の地位・属性の効果とは独立に，満足感を規定する効果をもつ

これらの仮説を調査データから検証することが本章の目的であるが，SSM 調査データには，比較の際の準拠集団や他者比較メカニズムを直接測定する変数が含まれていない．そこで，本章では，理論的に考えうる他者比較メカニズムを複数設定するとともに，準拠集団についても可能な準拠集団の分割を複数試み，それらの組み合わせの中で最も満足感を説明するものを，最も尤もらしい（最尤な）他者比較メカニズムとして同定する，という分析戦略をとることにする．この分析戦略は，2.2 節で触れたように，事後解釈による準拠集団理論の構成になっており，原理的には同一データによる検証（反

証）が不可能であるという問題がある．しかしながら，データとの適合度から最適なモデルを推定するという方法は計量モデル分析の1つの定型的な手法であり，なおかつ，本章で用いるデータは利用可能な情報が限定されているため，上述の分析戦略を，弱点を認識しつつも採用することにする．続く7章では，インターネット調査のデータを用いて，実際に回答者によって報告された比較準拠集団と所得分布イメージの情報を用いて，他者比較メカニズムのさらなる検証を行う．

6.2.2　3つの他者比較モデル

準拠集団における他者比較のメカニズムを表す具体的なモデルを「他者比較モデル」と呼ぶことにする．具体的に各モデルは，他者比較のタイプを表す比較関数をもち，比較関数を通じた平均的な評価を出力する．比較関数の型に応じて，イツハキの個人的相対的剥奪指数，ヘイとランバートの個人的相対的満足指数，そして総合的所得評価指数の3種類の指数を導入する．

準拠集団 k の所得分布の密度関数を f_k，分布関数を F_k とする．また，準拠集団 k における平均所得を μ_k とする．まず，比較関数を，イツハキの個人的相対的剥奪指数の場合と同様に，

$$D(y;z) = \begin{cases} z-y & y < z \\ 0 & y \geq z \end{cases} \quad (6.1)$$

とすると，この他者比較モデルによる準拠集団内での所得評価は，

$$D_{kk}(y) = \int_y^\infty (z-y)f_k(z)dz = \int_y^\infty (1-F_k(z))dz \quad (6.2)$$

$$= \mu_k - y + \int_0^y F_k(z)dz \quad (6.3)$$

となる．これは，4.3.1項で導入された「集団間相対的剥奪」において準拠集団を比較対象とする特殊ケースである[*5]．とくに本章では，この指数を個人的相対的剥奪指数と呼ぶ．

[*5] $D_{kk}(y)$ は，4.2.1項で言及した「準拠集団を考慮した狭義の相対的剥奪」に相当する指

次に，比較関数を

$$S(y;z) = \begin{cases} 0 & y \leq z \\ y-z & y > z \end{cases} \tag{6.4}$$

と置いたときの他者比較モデルによる準拠集団内での所得評価は，

$$S_{kk}(y) = \int_0^y (y-z)f_k(z)dz = \int_0^y F_k(z)dz \tag{6.5}$$

であり，この指数を個人的相対的満足指数と呼ぶ．

さらに，剥奪と満足を統合した比較関数を

$$M(y;z) = y - z \tag{6.6}$$

とした他者比較モデルを導入する．このモデルによる所得評価は，

$$M_{kk}(y) = y - \mu_k \tag{6.7}$$

となる．これを総合的所得評価指数と呼ぶ．$S_{kk}(y) - D_{kk}(y) = y - \mu_k$ となるので，指数 $M_{kk}(y)$ は満足指数 $S_{kk}(y)$ と剥奪指数 $D_{kk}(y)$ の差でもある[*6]．

ところで，$dS_{kk}(y)/dy = F_k(y)$ であるので，$S_{kk}(y)$ は y の単調増加関数であり，y と高い相関関係にあることが予想される．また，$M_{kk}(y)$ も準拠集団の取り方によるものの，y と高い相関関係にあることは明らかである．しかしながら，これらはそれぞれ独自の認識方法の仮定によって構成された指数であり，所得と同時投入の場合だけではなく，その変数単独として満足感のよりよい説明変数となっているかどうかを検証することには，少なからぬ意義があると考えられる．よって，後の分析では，満足度を説明する要因として，$D_{kk}(y)$ に加えて $S_{kk}(y)$，$M_{kk}(y)$ についてもその特性を検討する．

数であり，「準拠集団がある場合の相対的剥奪指数」である $D_k^R(y)$ とは異なる．ただし，$D_k^R(y) = p_k D_{kk}(y)$ であるので，各集団の人口シェアがほぼ等しい場合には，$D_k^R(y)$ は $D_{kk}(y)$ に近似的に比例するので，回帰モデル上の働きはほとんど同じになる．

[*6] 浜田 (2001) の δ 区間モデルは，総合的所得評価指数 $M_{kk}(y)$ において，準拠集団を所得ランク上の自らの所得レベルの近傍 $[y-\delta, y+\delta]$ とした特殊ケースと見なすことができる．

さらに，準拠集団における他者比較による平均的評価の指数を構成する際に，次のことに注意すべきである．もともとのイツハキ指数は所得額の差に基づく絶対的な指数であり，その値は準拠集団の所得規模に影響される．これはいわば，お金という共通の外部基準を用いて集団内で個人比較していることを想定した指数となっている．一方，人々が完全に準拠集団内の比較のみに準拠していると想定できる場合は，所得の絶対的な差ではなく，相対的な比に基づく指数の方が好ましいかもしれない．そこで，後の分析では所得規模の変化に反応しない相対的な $D_{kk}(y)$, $S_{kk}(y)$, $M_{kk}(y)$ の指数として，Eibner & Evans (2005) が用いている，所得の代わりに対数所得を用いる指数（それぞれ $\log D_{kk}(x)$, $\log S_{kk}(x)$, $\log M_{kk}(x)$ と記す）も同時に検討する[*7]．

6.2.3 対数正規分布を仮定した場合の指数

イツハキの個人的相対的剥奪指数（とその関連指数）をクロスセクショナル・データに応用し，変数を構成する場合，2つの方法があり得る．1つはノンパラメトリックな変数構成法であり，各準拠集団 k の所得分布をあらかじめ仮定せず，離散型定義に従ってデータから $D_{kk}(y)$ を算出する方法である．もう1つはパラメトリックな変数構成法であり，各準拠集団の所得分布をあらかじめ仮定し，データから分布のパラメータを推定し，これによって各個人の $D_{kk}(y)$ を推定する方法である．この方法はすでに，Eibner & Evans (2005) の研究で用いられている．パラメトリックな方法は計算式が単純であること，標本誤差を考慮できることにアドバンテージがある．特に後者に関して言えば，離散定義式によるノンパラメトリック法とは異なり，設定する準拠集団のサンプル・サイズの大きさによる誤差の影響を見積もることができるため，探索的に異なる準拠集団の効果を検証するような研究に

[*7] 対数所得を用いた場合，個人的相対的剥奪指数の比較関数は $y < z$ のとき $\log(z/y)$ となる．また，$D(y)$ の相対指数としては，5.4.2 項で言及した，個人的相対的剥奪指数と平均所得の比である $D^s(y)$ も Kakwani (1984) 以降よく用いられる．

おいてとりわけ有効となる．また，所得分布の場合，理論的・経験的に対数正規分布に近似できることが広く知られている．よって以下では，所得分布として対数正規分布を仮定したパラメトリックな変数構成法を導入する．

すべての可能な準拠集団 k において，所得分布として対数正規分布を仮定し，パラメータ m_k, s_k^2 をもつ対数正規分布の累積分布関数を $\Lambda(y \mid m_k, s_k^2)$ と表記する．つまり，

$$\Lambda(y \mid m_k, s_k^2) = \frac{1}{2}\left[1 + \mathrm{erf}\left(\frac{\log y - m_k}{\sqrt{2s_k^2}}\right)\right]. \tag{6.8}$$

ここで $\mathrm{erf}(z)$ は，誤差関数であり

$$\mathrm{erf}(z) = \frac{2}{\sqrt{\pi}} \int_0^z \exp(-t^2) dt \tag{6.9}$$

と定義される．また，パラメータ m_k, s_k^2 における分布の平均（期待値）は $\mu_k = \exp(m_k + s_k^2/2)$ である．このとき，個人的相対的剥奪指数 $D_{kk}(y)$ は

$$D_{kk}(y) = \int_y^\infty [1 - \Lambda(z \mid m_k, s_k^2)] dz \tag{6.10}$$

$$= \int_y^\infty \frac{1}{2}\left[1 - \mathrm{erf}\left(\frac{\log z - m_k}{\sqrt{2s_k^2}}\right)\right] dz \tag{6.11}$$

$$= \frac{1}{2}\exp\left(m_k + \frac{s_k^2}{2}\right)\left[1 - \mathrm{erf}\left(\frac{\log y - m_k - s_k^2}{\sqrt{2s_k^2}}\right)\right]$$
$$\quad - \frac{y}{2}\left[1 - \mathrm{erf}\left(\frac{\log y - m_k}{\sqrt{2s_k^2}}\right)\right] \tag{6.12}$$

$$= \mu_k[1 - \Lambda(y \mid m_k + s_k^2, s_k^2)] - y[1 - \Lambda(y \mid m_k, s_k^2)] \tag{6.13}$$

となる．個人的相対的剥奪指数 $D_{kk}(y)$ は，個人の所得 y と準拠する準拠集団分布のパラメータ m_k, s_k^2 によって一意に決定される．

$D_{kk}(y)$ と同様に個人的相対的満足指数 $S_{kk}(y)$，総合的所得評価指数 $M_{kk}(y)$ についても対数正規分布を仮定した場合の計算式を以下のように求めることができる．

$$S_{kk}(y) = \int_0^y \Lambda(z \mid m_k, s_k^2) dz \tag{6.14}$$

$$= y\Lambda(y \mid m_k, s_k^2) - \mu_k \Lambda(y \mid m_k + s_k^2, s_k^2) \tag{6.15}$$

$$M_{kk}(y) = y - \mu_k \tag{6.16}$$

さらに，対数所得についての個人的相対的剥奪指数 $\log D_{kk}(x)$ は，パラメータ m, s^2 をもつ正規分布 $N(m, s^2)$ の分布関数を $N(z|m, s^2)$ とし，$x = \log y$ とすると，

$$\log D_{kk}(x) = \int_x^\infty [1 - N(z \mid m_k, s_k^2)] dz \tag{6.17}$$

$$= \int_x^\infty \frac{1}{2} \left[1 - \mathrm{erf}\left(\frac{z - m_k}{\sqrt{2s_k^2}} \right) \right] dz \tag{6.18}$$

$$= s_k^2 f_N(x \mid m_k, s_k^2) + (m_k - x)[1 - N(x \mid m_k, s_k^2)] \tag{6.19}$$

となる (Eibner & Evans 2005)．ただし，$f_N(x \mid m_k, s_k^2)$ はパラメータ m, s^2 をもつ正規分布 $N(m, s^2)$ の確率密度関数である．同様に，対数所得についての $\log S_{kk}(x)$, $\log M_{kk}(x)$ は以下の通りである．

$$\log S_{kk}(x) = \int_0^x N(z \mid m_k, s_k^2) dz \tag{6.20}$$

$$= s_k^2 f_N(x \mid m_k, s_k^2) - (m_k - x) N(x \mid m_k, s_k^2) \tag{6.21}$$

$$\log M_k(x) = x - m_k \tag{6.22}$$

このように，各個人の指数値はすべて (y, m_k, s_k^2) によって決まるが，分布のパラメータについてはあらかじめ既知ではない．そこで，準拠集団 k の所得分布のパラメータ m_k をデータより最尤推定法で推定し，s_k^2 を $\log y$ の不偏標本分散で推定する．すなわち，

$$\hat{m}_k = \frac{1}{n_k} \sum_{i=1}^{n_k} \log y_i \sim N(m_k, s_k^2/n_k), \tag{6.23}$$

$$\hat{s}_k^2 = \frac{1}{n_k - 1} \sum_{i=1}^{n_k} (\log y_i - \hat{m}_k)^2. \tag{6.24}$$

ただし n_k は集団 k のサンプル・サイズで $n = \sum_k n_k$ とする．これらの推定値を用いて，$(y, \hat{m}_k, \hat{s}_k^2)$ によって各個人の相対的剥奪指数と関連指数値を算出する．さらに t 分布を利用して m_k の 95% 信頼区間を推定し，その下限値と上限値を m_k の推定値として用いた場合の指数値もそれぞれ算出して標本誤差による影響を見極める．

6.3 収入満足感の分析

6.3.1 変　数

2005 年 SSM 調査データ（A・B 票，$n = 5742$）を用いて，イツハキの個人的相対的剥奪指数と関連指数の想定する他者比較メカニズムが，人々の収入満足感を規定するという仮説を検証する．

被説明変数となるのは，「現在の仕事による収入についての満足」の質問項目で，「満足している／どちらかといえば満足している／どちらともいえない／どちらかといえば不満である／不満である」の 5 件法で尋ねている．分析に際しては，「満足している」の 5 点から「不満である」の 1 点まで順に 1 点刻みで点数を付けた収入満足得点を被説明変数に用いた[*8]．

人々は，準拠集団における他者との収入比較によって収入満足・不満足を形成していると仮定する．ここで，対象となるのは「現在の仕事による収入」であるので，分析に際しては有職者に限定し，個人的相対的剥奪指数とその関連指数を構成する次元としては個人収入を採用する[*9]．個人収入は収

[*8] 厳密に言えば，5 件法で尋ねられた満足感は順序カテゴリーであるので，順序カテゴリー変数として処理・分析するのが基本である．しかし，主観的幸福研究や階層意識研究において，満足感などの 5 件，7 件意識尺度をスコア化して分析することが 1 つの方法として広く用いられている．例えば，所得の再分配による生活満足得点の変化のシミュレーションを行った石田 (2009) の研究がある．こうした研究との接合可能性も見据えて，ここでは満足感を得点化した変数を用いることにする．ただし，後の重回帰分析については，同一変数セットを用いた順序ロジット分析（比例モデル）も併せて実施し，結果のロバストネスも確認することにする．

[*9] 以下の分析では，質問票のワーディングに合わせて「収入」という言葉を用いる．分析

入範囲の選択方式で尋ねているので，データ上は選択された収入範囲の中央値でもって各個人の収入実額とする．また，日本では性別による就業構造に大きな違いがあり，満足感の規定メカニズムにも大きな性差があると考えられるので，以下の分析ではサンプルを男性・女性に分けて行う．

先述の通り，比較のための準拠集団を調査の際に直接尋ねているわけではないので，準拠集団の選択についてはこちらであらかじめ仮定を設定しなければならない．Singer (1981) によれば，比較準拠集団として自らに「近い」人々や集団が選択される傾向にあるという．「近さ」には同質性と地理的近接性の2つの意味がある．そこで，準拠集団の仮定としては，準拠集団なし（社会全体），世代・ライフステージの同質性としての年齢，社会経済的地位の同質性として学歴と職業階層，居住地の同質性として市郡規模，これら5パターンをそれぞれ試みる．年齢は10歳刻みで20歳代（20–29歳）から60歳代（60–69歳）までの5カテゴリーに分割する．学歴は，中学卒，高校卒，短大・高専・大学卒の3カテゴリーとする．職業階層はSSM職業大分類をもとに，W上，W下，B上，B下，農業，自営，非正規の7カテゴリーとする．W上はSSM職業大分類の専門と管理，W下は事務と販売，B上は熟練，B下は半熟練と非熟練を併せたカテゴリーである．さらに，非正規は臨時・パート，派遣，内職を含む．職業階層分類において，自営・非正規という従業上の地位を独立させる理由は，これらの地位は平均収入や働き方の点で同質性が強く，準拠集団区分としてより適当であると思われるためである．最後に市郡規模は政令市，25万人以上の市，10万人以上の市，10万人未満の市，郡部の5カテゴリーである．市郡規模は一義的には「居住地の同質性」を意味するが，居住地の同質性が「近隣者」の同質性にもつながることを考慮すると，市郡規模は地理的近接性の近似とも見なしうる．これら5パターンの準拠集団設定のそれぞれについて，$D, S, M, \log D, \log S, \log M$ を算出する[*10]．これら5パターンの準拠集団を仮定した関連指数の

において用いるSSM調査データの収入項目は，年金や配当金を含んだすべての課税前収入である．

[*10] 以下，準拠集団を示す添え字の k を省略する．なお，$\log D, \log S, \log M$ の算出の際

表 6.1 各指数と個人収入の相関係数

	男性サンプル					女性サンプル				
	準拠集団なし	年齢階層	教育レベル	職業階層	市郡規模	準拠集団なし	年齢階層	教育レベル	職業階層	市郡規模
D	−0.805	−0.657	−0.558	−0.405	−0.781	−0.870	−0.688	−0.589	−0.199	−0.860
S	0.971	0.953	0.963	0.932	0.970	0.984	0.981	0.980	0.919	0.983
M	1.000	0.960	0.946	0.891	0.995	1.000	0.979	0.954	0.787	0.998
$\log D$	−0.486	−0.455	−0.453	−0.414	−0.483	−0.493	−0.486	−0.478	−0.406	−0.493
$\log S$	0.956	0.883	0.935	0.803	0.952	0.956	0.946	0.928	0.531	0.947
$\log M$	0.740	0.689	0.709	0.642	0.737	0.733	0.729	0.705	0.514	0.729

なかで,比較的よりよく収入満足感を説明するものが,現実に人々の準拠枠として採用される傾向のより強いカテゴリーであったと事後的に解釈することができるだろう.

6.3.2 基本分析

まず,男性サンプル ($n = 1868$)・女性サンプル ($n = 1662$) それぞれについて各指数値を算出し,各指数と個人収入との相関関係を表 6.1 にまとめた.ここで強い相関を示す 0.9 以上の相関係数を網掛けで表示している.この表から分かるように,$S, M, \log S$ は概して収入変数との相関がかなり強く,変数の性質としては個人収入とほぼ同一と見なしてよいだろう.一方,$D, \log D, \log M$ は収入変数との相関は比較的弱く,また $D, \log D$ は収入と負の相関にあるために,単純に収入の多寡だけでは言い表せない別種の要素を測る指数となっていると見なすことができるだろう.

さらに,表 6.2 は男性サンプル・女性サンプルごとの個人収入と剥奪関連各指数と収入満足得点との相関係数を示している.相関係数の絶対値はそれぞれの指数単体での収入満足についての説明力の強さを表している.このとき,個人収入の相関係数の絶対値よりも剥奪関連各指数のそれが高ければ,人々は単なる収入の多寡ではなく準拠集団における収入比較のメカニズムによって満足を得ているという仮説を部分的に支持する 1 つの論拠になるだろ

には,不定形となるのを回避するために,計算上すべての収入額に 1 を足している.

表 6.2 個人収入・各指数と収入満足得点の相関係数

		男性サンプル					女性サンプル				
		準拠集団なし	年齢階層	教育レベル	職業階層	市郡規模	準拠集団なし	年齢階層	教育レベル	職業階層	市郡規模
個人収入		0.231	0.231	0.231	0.231	0.231	0.162	0.162	0.162	0.162	0.162
D		−0.229	−0.272	−0.123	−0.116	−0.219	−0.133	−0.099	−0.040	−0.059	−0.124
	下限	−0.228	−0.269	−0.128	−0.108	−0.219	−0.131	−0.101	−0.047	−0.053	−0.125
	上限	−0.231	−0.274	−0.117	−0.120	−0.219	−0.134	−0.097	−0.032	−0.064	−0.124
S		0.207	0.213	0.200	0.182	0.206	0.162	0.159	0.155	0.145	0.161
	下限	0.208	0.216	0.202	0.184	0.209	0.162	0.160	0.157	0.146	0.161
	上限	0.206	0.209	0.197	0.180	0.203	0.162	0.158	0.154	0.143	0.161
M		0.231	0.255	0.199	0.189	0.228	0.162	0.155	0.133	0.137	0.159
	下限	0.231	0.255	0.203	0.187	0.229	0.162	0.157	0.138	0.138	0.160
	上限	0.231	0.255	0.195	0.190	0.227	0.162	0.153	0.126	0.135	0.158
$\log D$		−0.107	−0.127	−0.091	−0.080	−0.106	−0.077	−0.074	−0.067	−0.064	−0.074
	下限	−0.105	−0.122	−0.088	−0.071	−0.100	−0.076	−0.072	−0.066	−0.059	−0.072
	上限	−0.110	−0.132	−0.095	−0.088	−0.111	−0.078	−0.076	−0.069	−0.069	−0.076
$\log S$		0.251	0.278	0.236	0.173	0.249	0.151	0.143	0.131	0.063	0.143
	下限	0.251	0.279	0.237	0.164	0.250	0.150	0.142	0.132	0.057	0.142
	上限	0.250	0.277	0.235	0.182	0.248	0.152	0.144	0.130	0.068	0.144
$\log M$		0.180	0.205	0.162	0.131	0.178	0.115	0.111	0.100	0.073	0.11
	下限	0.180	0.206	0.163	0.125	0.178	0.115	0.112	0.101	0.068	0.111
	上限	0.180	0.204	0.161	0.137	0.177	0.115	0.111	0.099	0.078	0.110

う．そこで，個人収入の相関係数を絶対値で超えるものを網掛けで表示している．

男性サンプルの個人収入と満足得点の相関は 0.231 で，これを絶対値で超えるのは，年齢階層 D の −0.272，その他に年齢階層 M，職業階層を除く次元の $\log S$ であった．特に，年齢階層の $D, M, \log S$ ともに相対的に高い相関を示しており，年齢階層内での所得比較の存在を示唆している．このうち，M と $\log S$ は収入変数との相関が高いため，結局のところ年齢階層を準拠集団とする相対的剥奪指数 D だけが，収入の多寡とは異なるより説明力の強いメカニズムを示唆している．一方，女性サンプルでは，もともと個人収入と満足得点の相関は 0.162 と相対的に弱く，さらに剥奪関連指数で相関係数の絶対値を上回る組み合わせはなかった．このことは，女性の場合，個人収入満足感の生成過程で，他者との比較というメカニズムの果たす役割は比較的小さいことを示唆している．

なお，表中の「下限・上限」は，それぞれ m_k の 95% 信頼区間の下限値・上限値を用いた場合の相関係数を示している．相関係数のレベルでは，95% 信頼区間で測られる標本誤差による影響は，0.01 を超えるものはなく，ほとん

6.3.3 重回帰分析

相関係数比較より，特に男性の年齢を準拠にした絶対スケールの個人的相対的剥奪指数 D が，収入満足に対して収入の多寡とは異なる規定力をもつ可能性が見いだされた．では，こうした規定力は，収入の違いや準拠集団のその他の満足感に対する規定要因の影響をコントロールしてもなお残るものであろうか．この問いに答えるために，以下，収入満足得点を被説明変数とする重回帰分析を実施し，各準拠集団を仮定した D 独自の規定力の有無を確かめる．さらに，D を追加投入したときの説明力の大きさを増分 F 値（分散比）で比較し，準拠集団選択の尤もらしさを推測する．

表 6.3 は男性サンプルについての重回帰分析の結果である．ベースライン・モデルと比較して D を投入すると，いずれの準拠集団を仮定した場合でも D が 1% 水準で有意に満足感を低める効果が確認された．さらに，いずれのモデルでもベースライン・モデルと比較して 1% 水準で有意に説明力を高めている．そのなかでも，もっとも説明力を高めたのが年齢階層を準拠集団としたときの D であった．一方，職業階層の増分 F 値の値が最も小さく，ある程度操作可能な社会経済的地位よりも，自分では操作不可能な年齢階層が準拠対象として選択される傾向にあることが示唆される．

一方，女性サンプルについての分析結果は表 6.4 に示されているが，男性とは対照的に，いずれの準拠集団を仮定した D についても有意な効果は見いだされなかった．また，全体的にモデル自体の決定係数も男性と比べて低くなっている．この結果から，少なくとも女性の個人収入についての収入満足感については，収入比較のメカニズムはみられなかったと結論づけられる．

以上の重回帰分析と同じ変数セットを用いて順序ロジット分析も別に行ったが，有意性の評価が全体的に厳しくなる以外は全体として同様の傾向が見いだされた．

表 6.3 収入満足得点を被説明変数とする重回帰分析（男性サンプル, $n = 1857$）

	ベースライン		準拠集団なし		年齢階層		教育レベル		職業階層		市部規模	
	係数	SE	係数	SE	係数	SE	係数	SE	係数	SE	係数	SE
個人収入 (100万円)	0.084**	0.009	0.044**	0.014	0.039**	0.014	0.044**	0.014	0.044**	0.015	0.044**	0.014
D (100万円)			−0.185**	0.048	−0.198**	0.046	−0.181**	0.048	−0.166**	0.047	−0.186**	0.048
年齢階層 (20歳代を基準)												
30歳代	−0.267*	0.106	−0.342**	0.108	−0.089	0.114	−0.344**	0.108	−0.322**	0.107	−0.343**	0.108
40歳代	−0.508**	0.108	−0.611**	0.111	−0.204	0.129	−0.616**	0.111	−0.596**	0.110	−0.612**	0.111
50歳代	−0.384**	0.108	−0.475**	0.111	−0.038	0.135	−0.478**	0.111	−0.464**	0.110	−0.477**	0.111
60歳代	−0.044	0.114	−0.110	0.115	0.144	0.122	−0.115	0.115	−0.090	0.114	−0.110	0.115
学歴 (中学を基準)												
高校	−0.026	0.087	−0.052	0.087	−0.054	0.087	0.086	0.092	−0.040	0.087	−0.051	0.087
大学	0.105	0.103	0.078	0.103	0.075	0.103	0.523**	0.152	0.083	0.103	0.078	0.103
職業階層 (非正規を基準)												
W上	0.301**	0.125	0.176	0.129	0.165	0.128	0.173	0.129	0.756**	0.180	0.175	0.129
W下	0.188	0.120	0.071	0.124	0.072	0.123	0.085	0.123	0.430**	0.138	0.072	0.123
B上	0.088	0.123	0.004	0.125	0.010	0.124	0.013	0.124	0.206	0.127	0.004	0.125
B下	0.204†	0.121	0.122	0.123	0.130	0.122	0.128	0.122	0.256*	0.122	0.123	0.123
農業	−0.243	0.156	−0.282†	0.156	−0.281†	0.156	−0.262†	0.156	0.387	0.238	−0.280†	0.156
自営	0.006	0.125	−0.041	0.125	−0.033	0.125	−0.031	0.125	0.290†	0.149	−0.039	0.125
市部規模 (郡部を基準)												
政令市	−0.049	0.089	−0.054	0.089	−0.052	0.089	−0.055	0.089	−0.054	0.089	−0.021	0.089
25万以上	−0.050	0.082	−0.066	0.081	−0.066	0.081	−0.064	0.081	−0.062	0.081	0.031	0.084
10万以上	0.035	0.091	0.029	0.091	0.025	0.091	0.030	0.091	0.029	0.091	0.165†	0.097
10万未満	−0.004	0.081	−0.005	0.080	−0.003	0.080	−0.004	0.080	0.000	0.080	0.024	0.081
切片	2.899**	0.154	3.687**	0.257	3.403**	0.193	3.457**	0.214	3.257**	0.184	3.639**	0.246
R^2	0.0850		0.0922		0.0940		0.0920		0.0911		0.0923	
Adj. R^2	0.0766		0.0834		0.0851		0.0831		0.0822		0.0834	
増分F値 (d.f.=1,1838)	14.58**		18.20**		14.01**		12.27**		14.68**			

SE は標準誤差. ** $p < 0.01$, * $p < 0.05$, † $p < 0.10$.

表 6.4 収入満足得点を被説明変数とする重回帰分析（女性サンプル, $n=1650$）

	ベースライン		準拠集団なし		年齢階層		教育レベル		職業階層		市郡規模	
	係数	SE	係数	SE	係数	SE	係数	SE	係数	SE	係数	SE
個人収入 (100万円)	0.099**	0.020	0.120**	0.034	0.112**	0.033	0.111**	0.034	0.103**	0.038	0.124**	0.034
D (100万円)			0.099	0.125	0.063	0.121	0.051	0.122	0.012	0.114	0.114	0.125
年齢階層 (20歳代を基準)												
30歳代	0.000	0.107	−0.004	0.107	−0.065	0.166	−0.002	0.107	0.001	0.107	−0.005	0.107
40歳代	−0.145	0.106	−0.152	0.107	−0.172	0.118	−0.148	0.106	−0.145	0.106	−0.154	0.107
50歳代	−0.088	0.106	−0.095	0.106	−0.126	0.128	−0.092	0.106	−0.088	0.106	−0.097	0.106
60歳代	−0.004	0.127	−0.011	0.128	−0.004	0.127	−0.007	0.128	−0.004	0.127	−0.012	0.128
学歴 (中学を基準)												
高校	0.002	0.101	0.005	0.101	0.003	0.101	−0.016	0.110	0.002	0.101	0.005	0.101
大学	0.197	0.122	0.197	0.122	0.196	0.122	0.128	0.205	0.197	0.122	0.196	0.122
職業階層 (非正規を基準)												
W上	−0.044	0.112	−0.029	0.114	−0.033	0.115	−0.034	0.115	−0.071	0.273	−0.027	0.114
W下	−0.120	0.093	−0.097	0.097	−0.105	0.098	−0.109	0.097	−0.132	0.146	−0.094	0.097
B上	−0.112	0.174	−0.095	0.175	−0.100	0.175	−0.105	0.175	−0.129	0.232	−0.093	0.175
B下	−0.083	0.135	−0.064	0.137	−0.071	0.137	−0.075	0.136	−0.091	0.153	−0.062	0.137
農業	−0.183	0.150	−0.189	0.151	−0.186	0.151	−0.185	0.151	−0.195	0.183	−0.189	0.151
自営	−0.261**	0.101	−0.256*	0.101	−0.257*	0.101	−0.259**	0.101	−0.277	0.185	−0.256*	0.101
市郡規模 (都部を基準)												
政令市	0.193**	0.095	0.195**	0.095	0.195**	0.095	0.194**	0.095	0.193*	0.095	0.182†	0.096
25万以上	0.130	0.093	0.130	0.093	0.130	0.093	0.129	0.093	0.130	0.093	0.119	0.094
10万以上	0.034	0.094	0.033	0.094	0.033	0.094	0.033	0.094	0.034	0.094	0.016	0.096
10万未満	0.062	0.085	0.062	0.085	0.062	0.085	0.061	0.085	0.062	0.085	0.067	0.085
定数	3.114**	0.142	2.927**	0.275	3.023**	0.227	3.046**	0.216	3.103**	0.177	2.907**	0.269
R^2	0.0425		0.0429		0.0427		0.0426		0.0425		0.0430	
Adj. R^2	0.0325		0.0323		0.0321		0.0321		0.0320		0.0324	
増分 F 値 (d.f.=1,1631)			0.62		0.27		0.18		0.01		0.82	

SE は標準誤差。** $p < 0.01$, * $p < 0.05$, † $p < 0.10$.

6.4 生活満足感の分析

6.4.1 変　数

次に，相対的剥奪関連指数と生活満足感との関連を検討する．

生活満足感は「あなたは生活全般に満足していますか，それとも不満ですか」という問いに先の収入満足と同じ選択肢で回答する．収入満足と同様に生活満足についても得点化した変数を分析に用いる．

生活満足感については，人々は世帯の総収入について準拠集団の中で他の世帯と比較を行い，世帯としての満足感を決定していると仮定する．そこで，分析対象を有職者に限定せず，回答者の生活満足感が世帯を代表する者であることを明確にするために，分析対象を有配偶者もしくは親と同居していない無配偶者に限定する．この限定によって，親と同居する独身の者を除外することになる．さらに，D とその関連指数を構成する次元としては世帯収入を採用する[*11]．また，ここでは世帯単位を前提としているため，男性・女性両サンプルを用いて分析を行い，準拠次元の1つとして性別を導入する．

準拠集団の次元としては，性別に加えて，収入満足の分析と同様に，準拠集団なし，年齢階層，学歴，職業階層，市郡規模を試みる．ただし，学歴と職業階層は世帯を代表する地位として，男性または独身の女性ならば自分の学歴・職業，既婚女性であれば配偶者学歴・職業を用いた．職業階層カテゴリーは先の収入満足分析で用いた7カテゴリーに無職を加えた8カテゴリーである．

[*11] 世帯収入の代わりに世帯人員数を考慮する等価世帯収入を用いることもできる．しかしこの場合，収入の比較に際して世帯人員という情報を各個人が参照する，という追加的な仮定を課すことになるため，本章では仮定の単純化のために世帯収入そのものを対象とした．ただし，世帯収入について，親と同居していない無配偶者であって世帯収入がDK/NA の場合は個人収入を代入し，3000万円を超える4ケースは飛び値として欠損扱いにした．なお，世帯収入の代わりに等価世帯収入を用いた分析も実施したが，決定係数が若干低くなる以外は同一の結論を得た．

表 6.5 各指数と世帯収入の相関係数

	準拠集団なし	性別	年齢階層	教育レベル	職業階層	市郡規模
D	−0.917	−0.875	−0.559	−0.579	−0.667	−0.900
S	0.978	0.978	0.947	0.965	0.906	0.978
M	1.000	0.992	0.907	0.909	0.916	0.998
$\log D$	−0.528	−0.525	−0.494	−0.494	−0.511	−0.528
$\log S$	0.989	0.988	0.830	0.925	0.572	0.984
$\log M$	0.754	0.752	0.691	0.708	0.639	0.753

6.4.2 基本分析

まず，各指数と世帯収入との相関関係を表 6.5 に示す．個人収入以上に剝奪関連指数との関連は強く，S と M はすべての準拠集団次元で，また $\log S$ も年齢・職業を除いて 0.9 以上の高い相関を示している．また，準拠集団なしの D も −0.9 以上の高い相関が見られた．

次に，世帯収入・各指数と生活満足得点の相関関係を表 6.6 にまとめた．教育レベルと職業階層という 2 つの社会経済的地位を準拠集団とした場合を除いて，$D, \log S, \log M$ において世帯収入単体よりも高い相関が得られた．また性別，年齢階層それぞれを準拠集団とした M においてもより高い相関が得られた．世帯収入との相関関係，符号の向きを考慮すると，やはりここでも，準拠集団なしを除く D が世帯収入の多寡には還元されない他者比較のメカニズムを示唆していると言うことができるだろう．

6.4.3 重回帰分析

最後に，生活満足得点を被説明変数として，D を説明変数の 1 つとする重回帰分析を行った．ただし，準拠集団なしの D は世帯収入との相関の絶対値が 0.9 を超えているため，回帰モデルには用いないことにする．職業階層では無職を基準カテゴリーとした．表 6.7 がその結果である．

結果として，いずれの準拠集団次元を仮定した場合でも D は 1% 水準で有意な負の効果を示している．一方，D 指数を投入することによって世帯収

表 6.6 世帯収入・各指数と生活満足得点の相関係数

	準拠集団なし	性別	年齢階層	教育レベル	職業階層	市郡規模
個人収入	0.225	0.225	0.225	0.225	0.225	0.225
D	−0.257	−0.271	−0.243	−0.100	−0.163	−0.250
下限	−0.257	−0.272	−0.251	−0.104	−0.158	−0.252
上限	−0.257	−0.271	−0.233	−0.095	−0.166	−0.247
S	0.194	0.196	0.200	0.180	0.168	0.194
下限	0.195	0.197	0.202	0.182	0.169	0.196
上限	0.193	0.196	0.198	0.179	0.167	0.192
M	0.225	0.234	0.250	0.166	0.187	0.224
下限	0.225	0.234	0.252	0.170	0.184	0.224
上限	0.225	0.235	0.247	0.162	0.190	0.223
$\log D$	−0.194	−0.197	−0.207	−0.171	−0.185	−0.194
下限	−0.193	−0.195	−0.205	−0.169	−0.180	−0.191
上限	−0.196	−0.199	−0.209	−0.173	−0.190	−0.197
$\log S$	0.236	0.239	0.240	0.195	0.113	0.235
下限	0.237	0.240	0.240	0.195	0.107	0.237
上限	0.235	0.239	0.238	0.195	0.118	0.233
$\log M$	0.232	0.235	0.249	0.201	0.189	0.232
下限	0.232	0.235	0.249	0.200	0.181	0.232
上限	0.232	0.235	0.248	0.201	0.195	0.231

入変数そのものの効果は弱められゼロに近くなる．つまり，生活満足感に関する限り，世帯収入の絶対的な額ではなく，他者比較の結果が満足／不満感を規定していることが示唆される．準拠集団の仮定の中で，もっとも説明力を高めたのが年齢階層であった．年齢階層とほぼ同等の説明力の増加を見せたのが市郡規模と性別であり，教育レベルと職業階層の追加説明力は相対的に弱かった[*12]．

[*12] 年齢階層 D を追加したモデルにおける D の VIF は 10.17，教育レベル D モデルにおける D の VIF は 10.39 であり，2 つのモデルで多重共線性が疑われた．そこで，年齢階層ダミー変数に代わって 1 歳刻みの年齢変数，教育レベルダミー変数に代わって教育年数で代替したモデルをそれぞれ分析した．代替モデルでは VIF は低く抑えられているので多重共線性の疑いはない．結果として，年齢変数を投入した年齢階層 D モデルにおける D の推定係数値は −0.105，標準誤差 0.013，有意確率は 0.001 以下であった．また，教育年数を投入した教育レベル D モデルにおける D の係数値は −0.140，標準誤

これらの結果から，世帯単位の生活満足の生成には準拠集団内での比較というメカニズムが比較的強く働いており，特に社会経済的地位ではなく性別や年齢といったデモグラフィックな次元や居住地が準拠集団とされる傾向がより強いことが推測される．

以上の重回帰分析と同じ変数セットを用いて順序ロジット分析も別に行った結果，全体として同様の傾向が見いだされた．

6.5 結論

ここまで，階層意識生成プロセスにおける他者比較メカニズムを，理論的に統一的な視座から計量モデルに導入するという意図から，イツハキの個人的相対的剥奪指数 D，そしてその関連指数として個人的相対的満足指数 S，総合的所得評価指数 M を導入し，2005 年 SSM 調査データを用いて，収入ならびに生活全般の満足感を説明する分析を行った．結果として以下のことが明らかになった．

相対的剥奪関連指数のなかでも D は，収入との相関が比較的低く，満足度との相関が収入よりも部分的に大きくなった．そのほか，M や $\log S$, $\log M$ はそれぞれ単独での満足度との相関は部分的に収入よりも大きくなったものの，指数の特性上収入との相関は非常に強くなった．ここから，M や $\log S$, $\log M$ は「収入によって得られる満足」という要素を，収入比較という観点から言い換える代替変数としての働きを持っているものの，D だけが「収入によって得られる満足」にはない追加的なメカニズムを示す変数としての働きを持っていることが示唆された．このことは，他者比較による地位の評価の中でも，上を見ることでネガティブな評価を引き起こす相対的剥奪の特殊性を示すものであると考えられる．

収入満足については，男性において個人収入の他者比較による剥奪が，収

差 0.028，有意確率 0.001 以下であって，いずれも元のモデルと同様の傾向性が確認された．

表 6.7 生活満足得点を被説明変数とする重回帰分析 ($n = 3187$)

	ベースライン		性別		年齢階層		教育レベル		職業階層		市部規模	
	係数	SE	係数	SE	係数	SE	係数	SE	係数	SE	係数	SE
個人収入 (100万円)	0.057**	0.005										
D (100万円)			−0.243**	0.012	−0.229**	0.011	−0.221**	0.012	−0.121**	0.011	−0.252**	0.012
				0.035		0.032		0.035		0.031		0.035
性別 (男性を基準)												
女性			0.177**	0.037	−0.019	0.046	0.190**	0.036	0.184**	0.036	0.198**	0.036
年齢階層 (20歳代を基準)												
30歳代			−0.102	0.085	−0.150†	0.084	−0.159†	0.093	−0.141	0.085	−0.153†	0.084
40歳代			−0.326**	0.084	−0.391**	0.084	−0.402**	0.084	−0.382**	0.085	−0.395**	0.084
50歳代			−0.294**	0.084	−0.333**	0.084	−0.339**	0.085	−0.333**	0.085	−0.338**	0.084
60歳代			0.093	0.089	0.055	0.089	0.042	0.089	0.064	0.089	0.052	0.089
学歴 (中学を基準)												
高校			0.167**	0.054	0.143**	0.054	0.155**	0.054	0.168**	0.054	0.143**	0.054
大学			0.277**	0.064	0.248**	0.064	0.259**	0.064	0.270**	0.064	0.246**	0.064
職業階層 (無職を基準)												
W上			0.332**	0.082	0.186**	0.084	0.213*	0.083	0.401**	0.065	0.199*	0.084	0.356**	0.082	0.183*	0.084
W下			0.319**	0.079	0.156†	0.082	0.194*	0.080	1.049**	0.139	0.195*	0.081	0.128	0.092	0.154†	0.082
B上			0.320**	0.083	0.167†	0.085	0.216*	0.083			0.207*	0.084	0.062	0.105	0.163†	0.085
B下			0.234**	0.081	0.089	0.083	0.138†	0.082			0.123	0.083	−0.033	0.105	0.084	0.083
農業			0.161	0.103	0.070	0.103	0.112	0.102			0.116	0.102	0.180†	0.103	0.072	0.103
自営			0.114	0.082	−0.012	0.083	0.039	0.082			0.026	0.083	−0.029	0.089	−0.015	0.083
非正規			0.038	0.084	−0.007	0.084	0.026	0.083			0.011	0.084	−0.293**	0.118	−0.003	0.084
市部規模 (郡部を基準)												
政令市			−0.063	0.057	−0.061	0.057	−0.061	0.057	−0.060	0.057	−0.061	0.057	−0.086	0.057
25万以上			−0.041	0.055	−0.046	0.055	−0.049	0.055	−0.042	0.055	−0.044	0.055	0.065	0.057
10万以上			−0.086	0.058	−0.087	0.057	−0.089	0.057	−0.088	0.058	−0.085	0.058	0.052	0.061
10万未満			−0.137**	0.053	−0.145**	0.053	−0.145**	0.053	−0.143**	0.053	−0.138**	0.053	−0.181**	0.053
切片	3.187**	0.115	4.762**	0.256	4.493**	0.215	4.135**	0.189	3.895**	0.212	4.666**	0.237
R^2	0.0923		0.1056		0.1067		0.1034		0.0967		0.1066	
Adj. R^2	0.0868		0.0999		0.1010		0.0977		0.0910		0.1009	
増分 F 値 (d.f.=1, 3166)	47.02**		51.07**		39.21**		15.66**		50.69**	

SE は標準誤差. ** $p < 0.01$, * $p < 0.05$, † $p < 0.10$.

入の多寡そのものとは異なる独自の規定力を持つことが分かった．特に年齢階層を準拠集団とした剥奪がもっとも説明力を高めた．このことは，2005年段階においては年功序列的な賃金体系が男性における収入比較の準拠枠を強く規定していることを示唆している．一方，女性については個人収入の他者比較の規定力は見いだされず，男性とは異なる評価メカニズムが示唆された．世帯収入と生活満足については女性サンプルに限定しても相対的剥奪の影響が有意になることと併せて考えると，女性が収入面で配偶者に依存し自らの収入が補助的となる傾向が強いために，収入満足が世帯状況など本人の収入以外の要因に大きく影響されており，結果として女性において個人収入の他者比較の規定力が見られなかったと考えられる．女性における相対的剥奪については，さらなる検討課題の1つである．

生活満足については，世帯単位の収入比較による剥奪が大きな負の効果をもち，収入の絶対額よりも強く満足感を規定していることが明らかになった．特に，回答者の性別や年齢階層といったデモグラフィックな準拠基準，そして市郡規模という地理的な準拠基準が，職業階層や教育レベルという社会経済的地位基準と比べて相対的に大きな説明力を持っていることが分かった．その中でも年齢階層が最も大きな追加説明力を持った．これは，年齢に応じた標準的なライフ・コースを準拠枠とする収入評価の結果であると解釈することもできる．また，それぞれの準拠集団の設定による追加説明力の差は，比較に際しての準拠枠の「可視性」に対応していると考えられる．年齢や性別，居住地域は，いわば「見えやすい」同質性のシグナルとなり，それゆえ比較準拠枠に採用されやすい．一方，教育・職業階層といった社会経済的地位は表面的なつきあいでは「見えにくい」ものであり，準拠枠にはなりにくいという可能性がある．この結果は，人々の「階層」認識というものを考える際にも示唆深いものであり，準拠集団という視点から見た階層認識というテーマは，重要な研究課題の1つとなるだろう．

なお，本章の分析枠組みをさらに拡張して，さまざまなタイプの比較関数に基づく所得評価が，階層帰属意識にどのように影響を与えているかを分析したものとして，Maeda & Ishida (2013) の研究がある．それによると，

1975 年から 2005 年までの SSM 調査データと，2010 年に行われた SSP-I 調査データ[*13]を用いた分析の結果，階層帰属意識に対して，下方比較で差の対数をとった比較関数による所得評価変数が，ほぼ一貫してもっとも説明力が高くなることが見いだされた．同時に，下方対数差比較という比較メカニズムは，経験的に正の歪度を持つ所得分布と「中」に集中する傾向のある階層帰属意識分布とのギャップを説明しうることがシミュレーション分析によって確かめられている．

[*13] SSP-I 調査は，階層と社会意識研究プロジェクト (http://ssp.hus.osaka-u.ac.jp/index.html) の研究活動の一環として，格差と社会意識をテーマとして 2010 年に実施された全国サンプリング調査である．

第7章
所得分布イメージ上の相対的剥奪

7.1 問題の所在

　前章では，2005年SSM調査データを用いて，イツハキの個人的相対的剥奪指数と関連指数の想定する他者比較メカニズムが，人々の収入・生活満足感を規定するという仮説を検証した．その際，比較対象となる準拠集団については，準拠集団なし（社会全体），年齢，学歴，職業階層，そして市郡規模，という5パターンの比較基準を設定し，それぞれの基準で分析者の設定したカテゴリー分けに従った準拠集団を回答者に当てはめ，仮定した他者比較メカニズムに従って指数値を計算した．そして，指数を投入したモデルにおいて，満足感をよりよく説明する比較基準の組み合わせが，現実に人々の準拠枠として採用される傾向のより強いカテゴリーであったと事後的に解釈するという分析戦略を採っていた．

　このような，分析者の理論的仮説に従った準拠集団をア・プリオリに設定する分析戦略は，準拠集団選択についての直接的証拠がないというデータ構造上の制約の中で，なおも主観的幸福感や主観的健康に対する他者比較メカニズムの効果を検証しようとする場合に一般的に用いられてきた．現に，6.1節において紹介した，イツハキの個人的相対的剥奪指数とその派生指数を用いた計量的研究の先行研究 (Eibner & Evans 2005; Stewart 2006; Reagan et al. 2007; Subramanyam et al. 2009; Kondo et al. 2009) においても，準拠集団内比較を想定する場合は研究者の設定する比較基準と，そこから演繹的に導かれる剥奪指数が用いられていた．

また，主観的幸福研究の文脈においても他者比較メカニズムの効果が実証される際には，多くの場合研究者が比較基準や比較対象をア・プリオリに設定してきた．例えば，Clark & Oswald (1996) は，イギリス家計パネル調査データを用いて，仕事の満足感に自分と同様の社会的プロフィールをもつ他者との所得の比較が影響を与えるかどうかを検証している．その際に，社会的・職業的プロフィールの違いによって収入の違いを予測する収入関数（賃金関数）をデータから推定し，それに基づき各回答者と同様の社会的・職業的プロフィールをもつ他者の典型的な所得を準拠所得として算出し，これをモデルに投入している．また，Senik (2008) は，Clark & Oswald (1996) の分析枠組みを踏襲しながら，満足感に準拠所得が与える影響の違いをアメリカとヨーロッパ諸国の国際比較において調べている．Mcbride (2001) は，1994 年アメリカ総合的社会調査 (GSS) データを用いて，自らの ±5 歳の年齢集団を準拠集団と仮定して，主観的幸福に準拠集団の平均所得が負の効果を与えることを見いだしている．Ferrer-i-Carbonell (2005) は，性別・年齢・教育レベルの組み合わせによって 50 種類のカテゴリーを設定し，それを準拠集団として準拠集団の平均所得を相対所得として，主観的幸福の説明モデルに投入している．そして，Blanchflower & Oswald (2004) と Luttmer (2005) は，地域を準拠集団と想定して，地域の平均所得が主観的幸福に与える効果を検証している．

　しかしながら，研究者によって事後的に構成された準拠集団を分析に用いる方法では，当然のことながら，人々が実際に選択する準拠集団に基づく比較の真の効果を検証することができない．また，2.2 節で言及した「準拠集団の事後解釈」という，準拠集団論の当初からの批判点をクリアできない．さらに，事後構成された準拠集団を用いる場合，比較の効果そのものと準拠集団の特性の効果を切り分けることができず，他者比較メカニズムの効果を正確に把握できない可能性がある (Clark et al. 2008)．

　そこで，近年では回答者に対してダイレクトに比較準拠集団を尋ねる調査方法がいくつか試みられている．

　例えば，2006–7 年に 24 の国を対象に行われた第 3 回ヨーロッパ社会調査

(ESS) では，はじめに「自分の所得と他の人の所得を比較することは，あなたにとってどれだけ大事ですか？」と尋ねたのちに，「自分の所得と他の人の所得を比較するさいに，もっとも比較するであろう他人はどのような人ですか？」と尋ね，「同僚」「家族」「友人」「それ以外」「比べなかった」の 5 項目から選択してもらう質問項目が組み込まれている．この結果を分析した Clark & Senik (2010) は，同僚を比較対象として選択する頻度がもっとも高いこと，さらには準拠集団の選択が個人属性によって変化し，選択した対象によって再分配政策への態度や主観的幸福度が変化することを実証的に明らかにしている．

また，Wolbring et al. (2011) によるドイツのミュンヘンを対象にした 2010 年の調査では，まず「平均的な市民」「直接的な同僚」「友人」「親族」の 4 項目に対する自己の所得レベルを「とても少ない (−2)」から「とても多い (2)」の 5 件法でそれぞれ評価してもらい，さらにそれぞれの対象に対して，それらの対象との比較がどれだけ重要かを「重要ではない (1)」から「重要 (4)」の 4 件法で評価してもらう質問項目を用いている．その調査結果の分析から，Wolbring et al. (2011) は，主観的幸福に対する相対所得は，友人や親族との比較によるものではなく，平均的な市民や同僚との比較を通じて形成されることを実証的に明らかにしている．

さらに，Knight et al. (2009) は，2002 年に中国の農村地方を対象に実施された家計調査において取り入れられた準拠集団質問項目を分析している．その質問項目は，「近隣」「親族」「(同じ) 村に住む人」「(同じ) 郷に住む人」「(同じ) 県に住む人」「(同じ) 市に住む人」「中国全土」「比べない」の 8 項目の中から，回答者に主要な比較対象を 1 つ選択してもらうもので，この分析結果から，中国における農村居住者の 70% 近くが，比較準拠集団として同村内や近隣という狭い範囲を選択していることが明らかにされている．

日本においても飯田 (2009, 2011) は，所得比較の対象となる他者の特性について詳細に尋ねるインターネット調査を実施し，分析している．その中で飯田は，比較対象となる他者との共通点として，「年齢」「所得水準」「性別」「職業」「学歴・出身校」「住んでいる地域」「その他」「共通点はない」の

8 項目から 1 つを選択する質問項目を設定し，所得に関する比較準拠集団の選択が年齢や職業の類似性を重視して行われていること，そして，同様の質問項目を用いた反復調査から，その傾向が時間的に変化していないことを示している．

これらの準拠集団を直接尋ねる調査設計は，上述のようなア・プリオリな準拠集団設定の問題点を部分的に克服するものである．しかしながら，比較準拠集団の情報だけでは，準拠集団における比較によって各個人がどのような所得評価を持つかということは，外部からは正確に推定することはできない．各個人は，準拠集団の所得レベルについて客観的な情報を知っているわけでは必ずしもなく，自らの経験に基づく主観的なイメージに基づき，比較対象の所得レベルを判断し，それと自らの所得の差によって所得評価を定めていると考えられる．そうであれば，人々が比較準拠集団の所得分布をどのようにイメージしているかということは，相対所得の効果を確かめる研究においては決定的に重要であると思われる．

そこで，本章では前章の知見を補完するものとして，「準拠集団と相対的剥奪」というテーマのもと 2013 年に日本において実施されたインターネット調査結果をもとに，人々の所得に関する比較準拠集団の選択傾向，そして社会全体と準拠集団に関する所得分布イメージの傾向を把握し分析することを第 1 の目的とする[*1]．そして，所得分布イメージにもとづく所得評価のモデルとして，イツハキの相対的剥奪指数とその関連指数を導入し，これが客観的な所得レベルとは独立の効果を主観的幸福感にもたらすかどうかを検証することを第 2 の目的とする．

7.2　分析データの概要

筆者は共同研究者とともに「準拠集団と相対的剥奪」というテーマのもと，実験的な質問項目を含むインターネット調査を 2013 年 2–3 月に実施し

[*1] 同じインターネット調査データを用いて，準拠集団選択傾向と所得イメージについて詳しく分析したものとしては，前田ほか (2013)，前田 (2014) がある．

た*2．調査会社に登録されている全国のモニターのうち，25–69 歳の男女個人を対象にして，平成 22 年度国勢調査の年代（5 歳刻み）× 性別人口構成比と整合するように 1193 名のサンプルを割当法で抽出した．

調査会社のモニターを用いたインターネット調査の場合，ランダム・サンプリングで設計された調査に比べて，回答者の傾向にバイアスが存在することがかねてから指摘されてきた．本調査についても，バイアスの存在を社会経済的地位の周辺分布の観点から定量的に確認するため，比較的近い時期に実施された官公庁実施の代表性の高いランダム・サンプリング調査の結果と比較したところ，本インターネット調査の方が，(1) 就労率が若干低く，(2) 世帯所得が 50–300 万である回答者が少なく，それ以上の世帯所得である回答者が多く，(3) 高学歴者の比率が著しく高い，といった特徴が示された*3．

それゆえ，あくまで今回のインターネット調査の結果は日本全国を偏りなく代表するものではなく，上述のようなバイアスをもった実験的・探索的調査によって得られた結果であり，分析から得られた知見もあくまで暫定的なものであることに注意したい．

7.3 人はどのような基準で準拠集団を選択するか

今回のインターネット調査では，収入の比較に関する準拠集団の選択基準を尋ねる項目として，次のような質問項目を設定した．

> あなた個人の収入を「他の人たち」と比較する際，比較対象となる「他の人たち」をどのような基準で選びますか．以下の選択肢から優先順位の高い順に 3 つの基準を選択してください．現在収入のない方は，収入

---

*2 実施したインターネット調査（「2013 年くらしと生活に関するインターネット調査」）は，株式会社クロスマーケティングに委託して行われた．なお，準拠集団を尋ねる方法の違いによって 2 つの調査票を用いているが，本分析では，そのうちの 1 つにより得られたデータを用いている．
*3 詳細は，前田ほか (2013) を参照のこと．

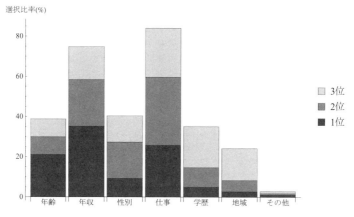

図 7.1 準拠集団次元ごとの選択比率と順位別構成比率

0円としてお考えください．

そして，選択肢としては，「年齢」「年収」「性別」「仕事」「学歴」「住んでいる地域」「その他」の7項目を設定した．図7.1は，各項目の選択比率と順位の構成比率を示したものである．

まず，優先順位1位として選択される次元を見ると，「年収」(35.2%)，「仕事」(25.8%)，「年齢」(21.0%)の順で続き，そのほかの次元はいずれも10%以下となった．優先順位2位については，「仕事」(33.8%)，「年収」(23.2%)，「性別」(18.1%)の順であり，優先順位3位については，「仕事」(24.4%)，「学歴」(20.5%)，「年収」(16.3%)の順であった．これらをまとめて，次元ごとに優先順位3位までに選ばれる比率を見ると，「仕事」(84.0%)と「年収」(74.8%)が比較対象を選択するほぼ共通の基準となっており，それらに続いて「性別」(40.4%)「年齢」(38.8%)「学歴」(35.0%)の3次元がほぼ同程度の比率で基準として選ばれていること，そして「住んでいる地域」(24.1%)が「その他」を除く6項目の中で最も選択比率が低いことが分かる．また，「その他」は2.8%ときわめて少数であった．ここから少なくとも個人収入の他者比較においては，準拠集団の基準としては「年齢」，「年

収」,「性別」,「仕事」,「学歴」,「住んでいる地域」の 6 次元によってほぼ網羅されていると考えられる.

7.4 人はどのような所得分布イメージをもつのか

では,所得の比較の際に想定される準拠集団について,人々は具体的にどのような所得分布イメージをもっているのだろうか.インターネット調査では,所得分布イメージについて,「先ほどお聞きした『他の人たち』について」というリード文とともに,所得分布の平均,最大・最小値のイメージを尋ねた上で以下のように尋ねている.

> 年収が 0–300 万円位,300–600 万円位,600–900 万円位,900–1200 万円位,1200–1500 万円位,1500 万円以上の人たちは,それぞれどれくらいいると思いますか.合計 100% になるようにお答えください.

ホームページ上で行うインターネット調査の特性を生かして,合計が 100% にならない回答組み合わせを入力した場合は,エラーとなり次の質問項目へ進めない設定とした.また,所得分布イメージについては,準拠集団に限定せず「日本社会全体」の分布イメージも同時に尋ねており,これについても準拠集団の所得分布イメージとの比較のために同時に分析する.

7.4.1 所得分布イメージの基礎集計

所得分布イメージの質問項目は,6 つの所得階級それぞれの構成比率を,合計 100% という制限付きで尋ねたものであり,比率の組み合わせは多数存在する.そこで,ここではまず基礎集計として,所得階級ごとの構成比率のイメージの分布を図 7.2 に示す.

図 7.2 より,0–300 万円階級や 300–600 万円階級では,比率のイメージがかなりばらつくものの,所得階級が上がるにつれて比率を高く見積もる回答者が減っていき,1200–1500 万円階級や 1500 万円以上階級では,ほとんど

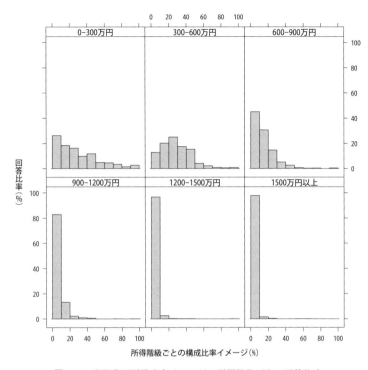

図 7.2 準拠集団所得分布イメージ，所得階級ごとの回答比率

の回答者が比率を 10% 以下とイメージしていることが分かる．

7.4.2 所得分布イメージの平均とジニ係数

次に，人々がもつ所得分布イメージの形態を確認するために，分布の代表値として平均を，そして分布の不平等度の指数としてジニ係数を算出して，それらの平均的な傾向を確認しよう（表 7.1）．イメージ上の平均所得は所得階級の階級値を階級 k の平均所得 μ_k と見なした上で，イメージ上の構成比率（人口シェア）p_k を元に，$\mu = \sum_k p_k \mu_k$ によって算出した[*4]．またジニ

[*4] ただし 1500 万円以上階級については，所得レンジを 1500 万円から 2000 万円，つまり

表 7.1 所得分布イメージの平均，ジニ係数，相対的剝奪指数の平均（カッコ内は標準偏差）

	間接測定平均	直接測定平均	ジニ係数	相対的剝奪指数
準拠集団	550.3	464.5	0.318	338.0
	(192.18)	(204.77)	(0.104)	(227.48)
社会全体	567.0	440.6	0.335	364.8
	(151.38)	(163.04)	(0.096)	(217.33)

係数は，階級値と各階級の人口シェアのみが明らかな場合の計算公式を利用して算出した．所得階級を下から順に並べたときの累積所得シェアを q_k とすると（ただし，$q_0 = 0$），ジニ係数は

$$G = 1 - \sum_k p_k(q_{k-1} + q_k) \tag{7.1}$$

によって算出できる (盛山 2004)．

まずは，平均所得について見ていこう．準拠集団のイメージ上の平均所得の平均値は 550.3 万円であった．これは，社会全体のイメージ上の平均所得の平均である 567.0 万円と比べて若干小さい値である．なお，ウィルコクソンの符号付順位和検定[*5]を用いると 2 つの平均の間には 1% 水準で有意な差があることがわかった．また，イメージ上の平均所得については，直接回答者にその額を尋ねる質問項目を別に試みていた．その結果は，間接測定の場合とは異なり，準拠集団 464.5 万円に対して社会全体では 440.6 万円と準拠集団の平均所得の方が平均的に高く見積もられていた（1% 水準で有意）．また，準拠集団・社会全体いずれでも間接測定に比べて直接測定の方が見積もられる平均所得は低くなった（1% 水準で有意）．直接測定と間接測定についてのこれらの傾向のうち後者については，多くの回答者が平均所得を分布の相加平均としてではなく，むしろ最頻値に近いものとしてイメージしている可能性が考えられる．所得分布のように正の歪度をもつ分布の場合，一般的に相加平均に比べて最頻値は小さな値になるので，そのことが直接的に平

階級値を 1750 万円と仮定して計算している．
[*5] ウィルコクソンの符号付順位和検定は，対応のある 2 変数の組について，代表値に差があるかを検定するノンパラメトリック検定の一種である．

均所得を尋ねた場合の低さに反映しているのかもしれない．また，前者の傾向，すなわち直接測定の場合，準拠集団の平均所得が社会全体のそれに比べて高く見積もられる傾向については，他者との相対所得に関する評価を尋ねた飯田 (2009, 2011) による反復調査でも確認されている傾向であり，異なる質問文を用いながらも同一の知見が導出されたことは，この傾向の一貫性を示しているといえる．これは，準拠集団の平均所得をイメージする場合，比較的所得の高い人を想起する傾向が強いことによるものと解釈することができ，直接測定の準拠集団の平均所得と自らの所得の差が上方比較による相対的剥奪と似た指数である可能性を示唆している．こうした傾向に対する解釈として，飯田 (2009) は「損失の方を利得よりも高く評価する」というプロスペクト理論の知見から，同じような地位にある他者の所得を，本来的には自己が得られていた利得と理解することで，負の所得差を高く評価し，正の所得差に対しては相対的に低い評価を行うためであると説明している．

次に，ジニ係数の傾向について確認する．準拠集団のイメージ上のジニ係数の平均値は 0.318 となり，社会全体の平均 0.335 よりも小さな値であった (1% 水準で有意)．このことは，類似性原理による比較対象選択を踏まえれば，比較対象に選ばれる他者は自己と類似した地位を持つ他者と考えることができるので，単純にそれだけ自己と他者との同質性が高く，日本全体の場合よりも所得格差が小さく認識されていると理解することができる．

7.4.3 所得分布イメージ上の個人的相対的剥奪指数

さらに，所得分布イメージ上の個人的相対的剥奪指数を算出し，その傾向を把握しよう．各個人の所得（個人収入）を y，所得階級 k の階級値を μ_k，人口シェアを p_k とする．そのとき，イツハキの個人的相対的剥奪指数は

$$D(y) = \sum_k p_k \max(\mu_k - y, 0) \tag{7.2}$$

によって算出できる*6．社会全体の所得分布イメージ上の相対的剥奪指数の平均値は364.8万円であり，準拠集団については338.0万円であった（1%水準で有意差あり）．これは，ジニ係数の比較でも見られたように，準拠集団内の所得格差を，社会全体に比べて小さく見積もる傾向によるものであると考えられる．

次に，個人収入変数との関連を確認する．社会全体・準拠集団それぞれの所得分布イメージ上の相対的剥奪指数と個人収入変数との関連を散布図によって示す（図7.3，図7.4）．理論的には1つの所得分布上における相対的剥奪指数は，yについてのただ1つの単調減少関数$D(y)$によって示すことができ，各所得レベルyにおける$D(y)$のばらつきは0となる．一方，図7.3，図7.4から確認できるように，各個人の所得分布イメージを通した場合，同じ所得レベルにあってもイメージの持ち方によって剥奪の度合いは異なることがわかる．社会全体の所得分布イメージの場合，個人収入と相対的剥奪指数との相関係数は-0.680となり，準拠集団の所得分布イメージの場

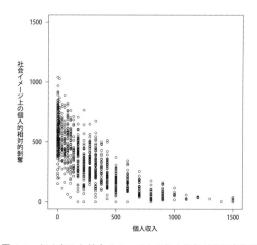

図 **7.3** 個人収入と社会イメージ上の個人的相対的剥奪指数

---

*6 インターネット調査では，収入項目は2005年SSM調査と同様の回答カテゴリーを設定した．各個人の収入はカテゴリーの階級値を当てはめて連続変数化した．

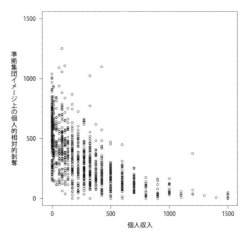

図 7.4　個人収入と準拠集団イメージ上の個人的相対的剥奪指数

合は −0.576 となった．準拠集団の所得分布イメージにおける相対的剥奪指数の方が，客観的な所得レベルではなく，各個人の所得分布イメージに左右される度合いがより強いことがうかがえる．

　ここで，個人収入だけではなく，それ以外のいかなる要因が所得分布イメージ上の相対的剥奪指数を規定しているか，という問題に答えるために，相対的剥奪指数を被説明変数とする重回帰分析を行う．

　重回帰分析では個人収入に加えて，準拠集団選択次元の違いが所得分布イメージの違いを通して相対的剥奪指数に与える効果を確認するため，「その他」を除く「年齢」「年収」「性別」「仕事」「学歴」「住んでいる地域」を優先順位 3 位以内に選択したか否かを示す 2 値変数を構成して説明変数とする．また，Clark & Senik (2010) の分析を参考にしながら，準拠集団選択と主観的幸福に関連する個人属性変数を同時に投入する．投入する個人属性変数の詳細は表 7.2 にまとめた．

　社会全体，準拠集団それぞれの所得分布イメージ上の相対的剥奪指数を被説明変数とした重回帰分析の結果は表 7.3 の通りである．

　社会イメージ上の相対的剥奪指数を被説明変数とするモデルでは，個人収

表 7.2　個人属性変数の詳細

変数名	変数の詳細
年齢	回答者の満年齢
年齢 2 乗	年齢の 2 乗
性別	男性，女性（基準カテゴリ）
従業上の地位	非正規雇用，正規雇用，自営業，無職（基準カテゴリ）
教育年数	中学校：9，高等学校：12，高等専門学校：14，専修学校：14，短期大学：14，大学：16，大学院：18 で数値割り当て
婚姻形態	有配偶者（既婚），無配偶者（未婚・離死別，基準カテゴリ）

表 7.3　所得分布イメージ上の相対的剝奪指数を被説明変数とした重回帰分析 ($n = 1076$)

	社会イメージ上 RD		準拠集団イメージ上 RD	
	係数	SE	係数	SE
個人収入	−0.306**	0.018	−0.301**	0.022
準拠集団次元				
年齢	−3.361	19.953	−52.562*	24.070
年収	−19.544	19.594	−22.315	23.637
性別	−13.283	19.655	−37.911	23.710
仕事	−14.396	20.238	−13.498	24.414
学歴	−0.640	20.025	−0.066	24.156
地域	−2.755	20.220	−18.979	24.393
年齢	2.575	3.095	17.641**	3.734
年齢 2 乗	−0.035	0.032	−0.189**	0.039
性別（女性を基準）				
男性	−88.242**	10.966	−61.812**	13.229
婚姻形態（未婚を基準）				
既婚	29.974**	10.480	18.913	12.643
従業上の地位（無職を基準）				
正規	−128.599**	14.004	−124.481**	16.893
自営	−80.087**	15.925	−64.257**	19.212
非正規	−71.291**	13.292	−80.287**	16.035
教育年数	3.368	2.370	10.813**	2.859
切片	488.956**	95.837	37.223	115.612
R^2	0.5642		0.4214	
Adj. R^2	0.5580		0.4132	

SE は標準誤差．** $p < 0.01$，* $p < 0.05$．

入が負の効果を持つのに加えて，女性であること，既婚であること，そして他の従業上の地位に対して無職であることが相対的剥奪を有意に高める傾向が見られた．

準拠集団イメージ上の相対的剥奪指数モデルの場合，社会イメージ上 RDの場合の傾向に加えて，年齢が約 47 歳の時に相対的剥奪がもっとも高まるという逆 U 字の傾向が見られる．さらに，その他の変数を統制しても教育年数が高いほど相対的剥奪が高まる傾向が見られた．そして，準拠集団選択次元については，「年齢」を選ぶとそうでない場合に比べて有意に相対的剥奪を下げるという結果が得られた．正規雇用において根強く残る年功序列型賃金体系においては，年齢が近い者の間で賃金の分散が小さくなるが，そのことが「年齢」次元の準拠集団内での所得比較における相対的剥奪を小さくする効果となって現れていると考えられる．

7.5 　所得分布イメージ上の相対的剥奪と主観的幸福感

次に，客観的な所得レベルとは独立に，所得分布イメージ上の相対的剥奪が主観的幸福感に影響を与えているか否かを，主観的幸福感を被説明変数とする回帰モデルによって検討する．主観的幸福感として，インターネット調査では「全般的に言って，あなたは現在幸せですか」と尋ねた上で，10 を「とても幸せ」，0 を「とても不幸」とする 1 点刻みの幸福スコアを測定した．ここでは，この幸福スコアを連続変数と見なして重回帰分析を実施する．

ベースライン・モデルとして，個人収入と準拠集団選択次元を説明変数とし，先の所得分布イメージ上の相対的剥奪指数を被説明変数とした重回帰分析と同様の個人属性変数を統制変数として用いたモデルを分析する．さらに，このベースライン・モデルに対して，社会イメージ上あるいは準拠集団イメージ上の相対的剥奪指数を追加投入したモデルを分析し，客観的な個人収入レベルとは独立した相対的剥奪の効果が見られるかどうかを検証する．表 7.4 はそれらの結果をまとめたものである．

ベースライン・モデルの結果より，個人属性の主観的幸福感に与える効果

表 7.4 主観的幸福感を被説明変数とした重回帰分析 ($n = 1076$)

	ベースライン・モデル		社会イメージ上 RD		準拠集団イメージ上 RD	
	係数	SE	係数	SE	係数	SE
個人収入 (100 万円)	0.109**	0.026	0.106**	0.029	0.080**	0.028
D (100 万円)			−0.009	0.044	−0.094*	0.037
準拠集団次元						
年齢	−0.308	0.288	−0.308	0.288	−0.357	0.288
年収	−0.744**	0.283	−0.746**	0.283	−0.765**	0.283
性別	−0.178	0.284	−0.179	0.284	−0.213	0.284
仕事	−0.374	0.292	−0.375	0.293	−0.386	0.292
学歴	−0.730*	0.289	−0.730*	0.289	−0.730*	0.289
地域	−0.222	0.292	−0.223	0.292	−0.240	0.292
年齢	−0.107*	0.045	−0.107*	0.045	−0.091*	0.045
年齢 2 乗	0.001*	0.001	0.001*	0.001	0.001†	0.001
性別（女性を基準）						
男性	−0.993**	0.158	−1.001**	0.163	−1.051**	0.160
婚姻形態（未婚を基準）						
既婚	1.458**	0.151	1.461**	0.152	1.476**	0.151
従業上の地位（無職を基準）						
正規	0.072	0.202	0.060	0.210	−0.045	0.207
自営	0.494*	0.230	0.487*	0.233	0.434†	0.231
非正規	−0.133	0.192	−0.139	0.195	−0.208	0.194
教育年数	0.058†	0.034	0.059†	0.034	0.068*	0.034
切片	8.009**	1.385	8.053**	1.402	8.044**	1.381
R^2	0.1673		0.1673		0.1724	
Adj. R^2	0.1555		0.1547		0.1599	
増分 F 値 (d.f. = 1, 1059)			0.0414		6.5252*	

SE は標準誤差. ** $p < 0.01$, * $p < 0.05$, † $p < 0.10$.

について以下のことが分かった．年齢がマイナスの効果を持ちながら年齢の 2 乗項が正に有意の効果を持つことより，年齢とともに幸福感は下降し，約 48 歳で最も低くなり，その後上昇するという U 字型の傾向が見られた．また，男性であることが有意に幸福感を押し下げる一方，結婚によって幸福感は増加する．さらに，職業との関連で言えば，無職に比べて自営であることが有意に幸福感を高めた．教育年数についても 10% 水準ではあるが正に有意な効果が見られた．これらの傾向は既存の主観的幸福研究においても繰り

返し確認される傾向である (Frey & Stutzer 2002=2005; Frey 2008=2012; 大竹ほか編 2010).また,説明変数に関しては,準拠集団選択次元について学歴もしくは年収を選択次元として選択することが,有意に幸福感を押し下げることになった.教育達成や経済的地位達成に対して,より意識的なかたちで他者比較をすることが幸福感を押し下げる要因となっていることが分かる.さらに,予想されたとおり,個人収入は幸福感に対して正の有意な効果を持つことが分かった.

次に,社会イメージ上 RD モデルの分析結果より,社会全体の所得分布イメージ上の個人的相対的剥奪指数は,幸福感に対して有意な効果を持たなかった.このことは,社会全体の所得分布イメージに基づく所得評価によって人々の幸福感がほとんど左右されないことを示しており,少なくとも幸福感との関連で言えば,社会全体の所得分布イメージの重要性は低いことを示唆している.一方,準拠集団イメージ上 RD モデルの結果より,準拠集団の所得分布イメージ上の個人的相対的剥奪指数は,幸福感に対して有意にマイナスの効果を持つことが分かった.これより,幸福感に対する準拠集団の所得分布イメージ上の他者比較の効果が,客観的な所得レベルそのものの効果とは別に存在することが認められる.推定された係数を比較するとその効果は,個人収入 100 万円あたりの幸福スコアの増分 0.080 に対して,個人的相対的剥奪指数 100 万円あたりの減少分は -0.094 であり,1 単位分の相対的剥奪の上昇は個人収入 1 単位分上昇の効果を完全に打ち消す効果を持っていることが確認できる.

さらに,6 章の分析枠組みと同様に,社会全体・準拠集団の所得分布イメージを用いて,相対的剥奪指数 D だけではなく,相対的満足指数 S,間接測定・直接測定いずれかの平均所得イメージを用いた総合的所得評価指数 M,そしてそれらの対数所得版の指数 $\log D$, $\log S$, $\log M$ を,それぞれベースライン・モデルに追加投入して,モデルの説明力の増加の程度を増分 F 値(分散比)によって比較した(結果の表は省略).その結果,準拠集団の所得分布イメージを用いた相対的剥奪指数 D がもっとも説明力を高めた.この結果から少なくともこのデータについては,各個人の主観的な所得分布イメー

ジ上での上方比較による他者比較メカニズムが，主観的幸福感を規定する他者比較メカニズムとして最も尤もらしいモデルであると結論づけられる．

ところで，準拠集団上の D に次いでもっとも増分 F 値が高かったのは，直接測定の準拠集団平均所得イメージを用いた総合的所得評価指数 M，つまり個人収入と準拠集団平均所得イメージの差であり，そのモデルの増分 F 値は 6.4211 と準拠集団上の D とほとんど遜色はなかった．このことは先に論じたとおり，直接的に準拠集団の平均所得をイメージする場合，比較的所得の高い人を想起する傾向が強く，結果的に上方比較による相対的剥奪と同様のメカニズムを前提にした指数となっていることに起因するものと解釈できる．

さらに，準拠集団イメージ上 RD モデルの追加分析を実施する．準拠集団イメージ上 RD モデルに個人収入 × 男性（女性）と相対的剥奪指数 × 男性（女性）の交互作用項をそれぞれ投入したモデルを検討し，男女別の個人収入と相対的剥奪指数の係数を比較した（表 7.5）．その結果，個人収入の効果は女性においてはマイナスの効果が見られたのに対して，男性においては正の有意な効果が見られた．個人収入が幸福感に与える効果が性別で異なる一方，相対的剥奪指数は性別によらず有意に負の効果を持ち，また交互作用項を確認すると性別間で有意な差はないという結果になった．このことは，性別によらず，所得分布イメージ上の所得評価が幸福感に負の影響を与えていることを示している．この結果は，先の 6 章の分析において，少なくとも収入満足得点については女性において相対的剥奪の効果は見られなかったこととは対照的である．本章で用いるデータの特性には注意する必要があるもの

表 7.5 男女別の個人収入と相対的剥奪指数の係数 ($n = 1076$)

		係数	SE
男性	個人収入	0.102**	0.031
	D	−0.138*	0.059
女性	個人収入	−0.125†	0.067
	D	−0.107*	0.047

** $p < 0.01$, * $p < 0.05$, † $p < 0.10$.
（個人収入と D の単位はいずれも 100 万円）

の，主観的意味世界内部での比較メカニズムを踏まえた分析の必要性が示されたと言えるだろう．

ところで，相対的剥奪指数と各準拠集団選択次元との交互作用項を追加投入したモデルを検討した結果，準拠集団選択次元によって相対的剥奪指数が幸福感に与える効果が有意に異なるという傾向は，少なくともこのデータからは確認されなかった．また，この調査では，過去の収入，未来の収入見込みそれぞれと現在の収入との比較を尋ねる項目を盛り込んでいる[*7]．これを用いて，現在の他者比較以外の時間軸に沿った垂直比較の効果を統制したモデルを分析した結果，幸福感に対して将来の見込みとの比較は 1% 水準で有意な正の効果をもち，過去との比較についても 10% 水準で有意な正の効果をもった．一方，個人収入の係数は正ではあるが有意性は消え，相対的剥奪指数は 10% 水準ではあるが，依然として有意な負の効果をもつことが分かった．時間軸に沿った比較の効果を考慮しても，所得分布イメージに基づく他者比較メカニズムは，幸福感の生成に一定の効果をもつことが確認された．

7.6 結論

ここまで，6 章の補論として，「準拠集団と相対的剥奪」というテーマのもと実施されたインターネット調査結果をもとに，第 1 に人々の所得に関する比較準拠集団の選択傾向，そして社会全体と準拠集団に関する所得分布イメージの傾向を把握し分析した．その結果，準拠集団選択次元に関しては，「仕事」と「年収」が比較対象を選択するほぼ共通の基準となっており，それらに続いて「性別」「年齢」「学歴」の 3 次元がほぼ同程度の比率で基準とし

[*7] 具体的には，以下のような質問文をもとに，0 から 10 までの 11 段階の得点で回答してもらった：あなたが「今後もらえる見込みがある」と思う収入（過去の場合は，「過去にもらっていた収入」）と比較して，あなた個人の現在の収入は多いですか，少ないですか．「とても少ない」を 0，「同じぐらい」を 5，「とても多い」を 10 として，もっとも近いと思われる番号を選んでください．

て選ばれていることが分かった．所得分布イメージに関しては，直接測定の平均所得とジニ係数に関していえば，準拠集団の所得分布イメージは社会全体のそれと比べると，平均所得が高く所得格差が小さく見積もられる傾向にあることが分かった．

そして，所得分布イメージにもとづく所得評価のモデルとして，イツハキの相対的剥奪指数とその関連指数を導入し，これが客観的な所得レベルとは独立の効果を主観的幸福感にもたらすかどうかを検証した．その結果，社会イメージ上の相対的剥奪指数は有意な効果が見られなかった一方で，準拠集団イメージ上の相対的剥奪指数は幸福感に対して有意な負の効果を持っていることが分かった．そして，準拠集団イメージ上の相対的剥奪指数がその他の関連指数の中でもっともモデルの説明力を高めた．このことは，各個人の主観的な所得分布イメージ上での上方比較による他者比較メカニズムが，主観的幸福感を規定する他者比較メカニズムとして最も尤もらしいモデルであることを示している．

本章の分析では，データの代表性という点で問題の残るインターネット調査データを用いた．これは，質問項目自体が新規で実験的な項目であったため，大規模で公的な社会調査において試みることが困難であったという外的な事情によるものである．インターネット調査データからも一定の傾向性を示すことができたが，将来的には，より代表性と信頼性の高い調査においても，人々の内的世界における他者比較メカニズムを検証するための枠組みの導入を試みたい．

第8章
機会不平等に起因する相対的剥奪の測定[*1]

8.1 問題の所在

　これまでの章で導入・展開してきたイツハキの相対的剥奪指数は，個々人の主観的な剥奪感と，社会状態の1つの評価基準である平等／不平等評価とを明示的に結びつけることに成功しており，平等観念を通して社会的正義に関する規範理論と結びつく性格のものである[*2]．ジニ係数は，分配対象となる財もしくは資源の完全平等を理想状態として，そこから実際状態の偏差を測るものである．つまり，ジニ係数と対応づけられる相対的剥奪に関していえば，全員の剥奪感を等しく聞き入れ，その総量が少なければ少ないほど社会的に好ましく，誰も剥奪を感じていない状態がもっとも好ましいのだと想定される．しかしながら，このような「剥奪のない状態」としての「結果の完全平等」が，達成すべき社会的正義の基準として広く社会的な合意を得ることはもはや難しいであろう．古典的な「結果の平等」は，社会的正義が考慮すべきもう1つの基準である「自由」と鋭く対立するとともに，経済発展に必要となる効率性や公正な競争を阻害するとの批判が様々な形でなされてきた．

　社会的正義としての平等を考える際には，どのような種類の平等が優先的に達成されるべきかが問われなければならない．これは，相対的剥奪につい

[*1] 本章は，石田 (2014) をもとに，さらに加筆修正したものである．再録に当たっては，数理社会学会編集委員会の許可を得たことを記して感謝する．

[*2] イツハキの相対的剥奪指数の元となる定義を提供したランシマンも，相対的剥奪と社会的正義の関連を詳細に論じている (Runciman 1966)．

ていえば，どのような種類の剥奪を社会的に優先的に取り上げ，解消に努めるべきかという問題になるだろう．

本章では，上述の問いに対して，「機会平等の原則」(Roemer 1996=2001, 1998) に拠って「機会の不平等によって生じたと考えられる剥奪」の解消を優先すべきとの立場に立ち，そのための分析手法として，人々の剥奪を「剥奪を生じさせる要因が機会の不平等によるものかどうか」によって分けることで，相対的剥奪指数，そしてジニ係数を分解するというアイデアを提案したい．このアイデアは，ランシマンの用語 (Runciman 1966) を用いれば，「嫉妬」や「ねたみ」という感情を超えて，1つの規範的な立場から，「正当 (legitimate)」な剥奪を抽出する試みと位置づけることができるだろう．

イツハキの相対的剥奪指数の分解方法としては，すでに 4.3.2 項で導入したように，相対的剥奪指数を集団内比較によるものと集団外比較によるものに分解する方法が提案されている (Kakwani 1984; Bárcena-Martín et al. 2007). また，ジニ係数を含む不平等指数の分解についても，部分集団による分解と所得の違い（収入源の違い）による分解の2つのタイプの分解手法が提案されてきた (Mussard & Richard 2012). このうち，部分集団による分解は，部分集団の取り方によっては，機会不平等に起因する剥奪を近似的に取り出していると言えなくもない．しかしながら，明確な規範的前提に基づいた分割であるとはいえず，われわれの目的にとっては不完全である．

そこで本章では，まず 8.2 節において，分配的正義論における機会平等の原則に基づき，機会の平等を実現する政策について，数理的なモデルを提案したジョン・ローマーのモデルを紹介する．そして，ローマー・モデルをもとに，経験的データに基づき性別や親の地位などの「本人のコントロールが及ばない要因」によって生じた所得などの優位の差を仮想的に調整した社会の不平等度を測る「仮想的機会調整分析」(浜田・石田 2003; 石田・浜田 2005) を導入する．次に 8.3 節において，これらの先行研究をもとに，機会不平等に起因する相対的剥奪の分解法とその指数を定式化する．そして続く 8.4 節において，アメリカ・コミュニティ調査データと 2005 年 SSM 調査データを用いた分析例を示す．最後に，8.5 節において，分解法の特性をま

とめ，今後の課題を述べる．

8.2 機会平等の原則

8.2.1 ローマーの機会平等政策モデル

ローマーは，機会の平等に関するロナルド・ドゥオーキン (Dworkin 2000=2002)，リチャード・アーヌソン (Arneson 1989)，G. A. コーエン (Cohen 1989) らの規範理論を受けて，機会平等の原則の下に機会の平等を実現する政策の理論モデルを考案した (Roemer 1996=2001, 1998)[*3]．

ローマーは，まずもって「運動グラウンドを平らにする (level playing field)」ものとして機会の平等をとらえる．競争が始まる以前の条件は平等化されなければならないが，ひとたび競争が始まったら介入すべきではない，という考え方である．その上で，「個人の達成能力や優位へのアクセスに影響を与える環境の違いであって，個人にその責任がないような環境の違いは取り除くか，もしくは補償されるべきである」(Roemer 1998: 5) という機会平等の原則を掲げる．そして，この原則に則った機会平等政策のアルゴリズムを考案した．

ローマーの機会平等政策の理論を理解するために，まずは彼が例としてあげている「喫煙によって肺がんになった人への補償の問題」を紹介しよう (Roemer 1996=2001: 318–321)．

「喫煙する」か「喫煙しない」かは，一部は周辺環境 (例えばエスニシティ，職業，両親の喫煙習慣の有無) によって決められ，一部は自発的選択によって決められるとする．喫煙の意思決定に影響を与え，かつ本人の責任が及ばない要因をベクトルとして羅列し，その要因ベクトルによって社会を同値類に分類する[*4]．例えば要因が〈性別，エスニシティ，職業，年齢〉だとした

[*3] 盛山 (2006) は，ドゥオーキンからローマーまでの一連の議論の流れを「責任‒平等主義」と名付け，批判的に検討を加えている．

[*4] 同値類 (equivalence class) とは，数学的には，何らかの同値関係が与えられた集合において，ある要素と同値の要素全体のなす部分集合のことである．

ら,同値類はこれらの要因が(近似的に)等しい人から構成され,〈女性,白人,大学教授,60歳〉という属性を持つ人々からなる同値類や〈男性,黒人,鉄鋼労働者,60歳〉という属性を持つ人々からなる同値類などが存在する.社会は相互に排反的な同値類の集合として表すことができる.これらの同値類を「タイプ」という.

さて,肺がんになる確率は喫煙年数の増加関数であると想定する.各タイプには喫煙年数の分布が与えられており,その分布はタイプの特徴であり,各個人の特徴ではない.このとき60歳の男性で黒人の鉄鋼労働者である各々の喫煙年数の差異は,彼らの決定によって自己責任の下に生じたものと見なす.なぜなら彼らの周辺環境はすでにタイプによる類別によって標準化されているからである.

さらに,ローマーによれば大学教授と鉄鋼労働者の各タイプの喫煙年数分布において,同じ分位数の人同士は喫煙に対する自己責任の程度が比較可能であるという[*5].例えば,大学教授における喫煙分布の中央値(0.5分位数)が10年で,鉄鋼労働者のそれが30年であるとする.彼らは喫煙年数そのものは異なるものの,それぞれのタイプにおける喫煙量の相対的なランクは,ちょうど100人中50番目で同じである.ここから,この2人はもし周辺環境の差がなかったならば同じくらいの期間喫煙していたであろうと想定される.10年と30年という喫煙年数の実際の差は,本人のコントロールの効かない周辺環境によるものであるから,その差によって鉄鋼労働者が肺がんにかかって善き生の達成レベルが下がってしまったのであれば,その減少分は積極的に補償されるべきであると考えるのである.

このアイデアを,ローマーはより厳密な数理モデルによって表現している.ローマー・モデルは自己責任に帰することのできない環境要因によって生じる優位についての機会の不平等を調整する政策を決定するモデルである.

ここで,以下のモデルでも用いられる「優位 (advantage)」という概念に

[*5] π 分位数 $(0 \leq \pi \leq 1)$ とは,分布関数上の累積確率が π になる値のことである.

ついて説明しておこう．優位という概念は，機会平等の対象となるものを示す概念としてローマーによって用いられているものであるが，もともとは，コーエンが「優位へのアクセスの平等」という自らの平等主義正義論上の立場を表明するために導入した概念である (Cohen 1989)．コーエンが「優位」という概念を導入する理由は，「何の平等か？」という平等主義正義論にとっての重要な問いに独自の解答を与えるためであり，善き生 (good life) を生み出す元手となる「資源 (resource)」の平等と，善き生についての主観的評価である「厚生 (welfare)」の平等という大きく 2 つの考えを統合する意図がある．コーエンの「優位」は，厚生とある種の資源を含むベクトルと大雑把には理解できるものの，明確な定義づけはなされていない．

ローマー自身は，平等主義正義論上のさまざまな立場を検討した上で，優位の例として「健康，所得，厚生」(Roemer 1996=2001: 19) や「たとえば理念的な状態でしっかりと形成された選好に伴う厚生，人生計画の達成の期待値，機能の集計レベル，ミッドフェアなどがその候補となる」(Roemer 1996=2001: 318) と述べている．しかし，ローマーの関心は，機会の平等の対象とすべき優位の種類は一旦カッコに入れた上で，優位の定義が何らかの形でなされた上での政策的・技術的なモデルを提供することにある．

ゆえに，ここでも「優位」という概念を，「善き生の達成に必要な，社会的にある程度合意された複数の基準」という緩やかな意味で用いることにする[*6]．そして，以下のモデルでは，優位（のうちの 1 つの次元）が基数尺度によって測ることができると仮定し，優位の量あるいは互換的に優位のレベルという表現を用いることにする．

さて，ローマー・モデルの基本枠組みを以下に導入しよう (Roemer 1996=2001: 321–7, 1998: 25–32; 石田・浜田 2005)．

社会はほぼ同じ環境要因のセットを持った個人によって構成されるタイプ $\mathcal{T} = \{1, 2, \cdots, T\}$ に分割される．タイプの違いは，機会平等政策にとって

[*6] 後藤 (2002) は，ローマー・モデルの説明で，機会の平等の対象として「善き生の達成」という表現を用いており，ここではそれを参考にした．

意味があると社会的に判断される特徴（を持つ個人）の違いである．タイプの定義は社会的に，あるいは社会政策担当者によって社会の意見を汲み取るかたちで決定されると想定される．

関数 $u^t(x,e)$ はタイプ t に属する個人が得る達成された優位レベル（例えば教育達成，健康，所得，厚生）を表す．x は個人が消費する資源量（例えば教育サービスや公共医療サービス）であり，e は個人が払う努力量である．x と e は非負の実数とする．u^t は一般的に，x と e について単調増加であると仮定される．努力量 e と資源量 x を対応づける配分ルール $\varphi^t : \mathbb{R}_+ \to \mathbb{R}_+$ の T 個の組み合わせ $\varphi = (\varphi^1, \cdots, \varphi^T)$ を政策と呼び，$\varphi \in \Phi$ なる Φ を政策集合と呼ぶ[*7]．つまり，$\varphi^t(e)$ はタイプ t の個人が，努力量 e を支払うときに受け取ることのできる資源量 x を決めるルールである．逆に，ある配分ルール φ^t が与えられたとき，各個人は資源量 x を獲得するために自らの努力量 e を決定すると仮定される．

タイプの違いによって生じる優位の差は，個人の自己責任に帰すべきではない差であるが，努力の程度の違いによって生じた差は自己決定の結果であるので，補償や調整の対象とはならない．しかしながら，タイプの違いを超えて努力量 e を直接比較することは妥当ではない．ある個人の努力量は，その個人の属するタイプ t の努力量分布に反映されるタイプの特性に部分的に規定されるからである．そこで，ローマーは，それぞれのタイプの努力量分布における相対的なランクを表す累積確率，つまり分布関数の値に着目し，この値が同等の個人はタイプを超えて同一の努力の度合い (degree of effort) をもっていると仮定する．つまり，相対的な努力のランクがタイプを超えて等しい個人は，タイプの差がなければ同等の努力量を支払っていたはずだと見なされるのである．なお，累積確率が π の個人の努力量は努力量分布上の π 分位数として示される．

そこで，ある配分ルール φ^t のもとでの，タイプ t の努力量分布の分布関数を $G^t_{\varphi^t}$，また密度関数を $g^t_{\varphi^t}$ とする．$G^t_{\varphi^t}$ における π 分位数の個人の努

[*7] ここで，$\mathbb{R}_+$ は非負の実数集合を示す．

力量を $e^t(\pi, \varphi^t)$ とおく*8. φ^t のもとでの，タイプ t の努力量分布における π 分位数の個人の優位を導く関数 $v^t(\pi; \varphi^t)$ を

$$v^t(\pi; \varphi^t) = u^t(\varphi^t(e^t(\pi, \varphi^t)), e^t(\pi, \varphi^t)) \tag{8.2}$$

とする．ここで，機会平等政策問題とは，社会全体の資源量 ω の制約の下で，累積確率 π を固定して

$$\max_{\varphi \in \Phi} \min_{t \in \mathcal{T}} v^t(\pi; \varphi^t) \tag{8.3}$$

を満たす政策 φ_π をすべての π について決定することである．この解は努力程度が π 付近である人の間で優位を比較して，最小の優位を持つ人の優位を最大化する（「マキシミン」化する）ような資源量 x の配分の仕方を定める*9．

8.2.2 仮想的機会調整分析

浜田・石田 (2003)，石田・浜田 (2005) は，このローマーのモデルを簡略化し，経験的データに基づき性別や親の地位などの「本人のコントロールが及ばない要因」によって生じた優位の差を仮想的に調整した社会の不平等度を測るシミュレーション分析を提案し，「仮想的機会調整分析」と呼んだ．その方法は，

1. 機会の違いを生み出す「タイプ」によって社会を有限個の部分集団に分割し，

---

*8 厳密に言えば，$e^t(\pi, \varphi^t)$ は，

$$\pi = G^t_{\varphi^t}(e^t(\pi, \varphi^t)) = \int_0^{e^t(\pi, \varphi^t)} g^t_{\varphi^t}(z) dz \tag{8.1}$$

によって定義される．
*9 すべての π について一度にマキシミン化を達成する政策を見つけることは困難なため，ローマーは $\min_t v^t(\pi; \varphi^t)$ の（任意の間隔の）分位数ごとの加重平均を最大化する政策を決定するという妥協案を示している．

2. 異なるタイプの優位分布において同一のランク（累積確率）π に位置する個人は，同程度の努力の度合いを投入しており，もしタイプの差がなければ同程度の優位を得ていたはずであると仮定し，
3. 異なるタイプの優位分布において同一の π 分位数の優位量の平均を再配分して，
4. 再配分前後の優位分布を比較する

というものである．ローマーの機会平等政策モデルは，いわば政策の出発点において理想的な政策 φ を決定することに関心があったのに対して，仮想的機会調整分析は，結果としての優位分布が与えられた状態で，機会格差に起因する結果不平等の程度を測定することに関心がある．そこで，特定の環境要因の影響を排除しても残る優位の不平等度を測定するために，努力量分布におけるランク π を固定したとき，各々のタイプが変わっても社会がその環境要因について十分に機会平等であれば，優位が同等であっただろうと「事後的に」仮定している．つまり，資源量 x の配分方法ではなく，優位 $u^t(x,e)$ の仮想的な再配分がなされるというイメージである．仮想的機会調整分析は，具体的に以下の強い仮定を置いて成立する (石田・浜田 2005)[*10]．

仮定 8.1. 優位量は努力のランク π のみに依存した狭義単調増加関数 $v^t(\pi)$ で表される．関数はタイプごとに異なり，資源投入量の違いは関数の違いに反映される．仮想的機会調整分析では，v^t のタイプによる違いが自己コントロールの及ばない要因の影響である．タイプの差がない仮想世界においては

[*10] 仮想的機会調整分析の焦点は，事後的な機会不平等の測定にあるものの，この枠組みを再配分政策モデルとして捉えようとする場合には，次のような問題がある．1つには，主観的な優位である厚生を再配分対象とした場合，これを実質的に再配分することは困難であるという問題がある．また，所得や資産など資源としての側面をもつ優位を対象にする場合でも，資源を厚生に変換する各個人の効用関数や潜在能力の違いによって，優位の主観的側面の再配分において結果的に異なる不平等を招く恐れがある．さらに，政策の介入そのものの効果によって，優位量が変動する可能性を考慮していないという問題もある．測定法としての仮想的機会調整分析においては，こうした問題はカッコに入れざるを得ないものの，分配的正義論の文脈においてはいずれも重要な問題である．

努力を優位に変換する関数は等しい．

仮定 8.2. 異なるタイプ間でタイプ内優位分布のランク（累積確率）が同じ人々は，タイプ内努力量分布のランク（累積確率）が同等である．つまり，$F^t(v^t(\pi)) = \pi$，ただし F^t はタイプ t の優位分布の分布関数である．

仮定 8.3. タイプ間で優位のランクが等しい人々の総優位量は調整前後で一定である（その結果，社会全体の総優位量は一定である）．この制約条件の下で，ランクが等しい者の優位量をタイプの間でマキシミン化する再配分関数 ρ を選択する．

再配分関数 ρ は，具体的には，π ごとに

$$\max_{\rho_\pi} \min_{t \in \mathcal{T}} \rho_\pi(v^t(\pi)) \tag{8.4}$$

の解となる．制約条件から，その解は

$$\forall t \in \mathcal{T}, \rho_\pi(v^t(\pi)) = \frac{\sum_{i \in \mathcal{T}} v^i(\pi)}{T} \tag{8.5}$$

となる．つまり，分位数が等しい者の優位量を均等に再配分する関数を π ごとに採用する．

具体的に，仮想的機会調整分析では，焦点となる周辺環境の違いであるカテゴリカル変数（機会変数）と，仮想的な再配分の対象である優位（達成変数）を決めて分析を行う．例えば，性別と親の職業という機会変数の違いがなければ個人収入という達成変数の不平等度がどの程度減少するのかを知りたい場合には，個人収入データを性別と親の職業で分割し，対応するパーセンタイル間で平均を取ってデータに代入した後ジニ係数を計算し，調整前後の値を比較する[*11]．浜田・石田 (2003) では，分析例として 1985, 1995 年

[*11] 仮想的機会調整分析の機会変数として x という変数を指定して y という達成変数の不平等度を測定するときには常に，「x は自己コントロール不可能で，かつ，機会変数 x のみが優位 y の不平等配分に影響を及ぼしている」と仮定していることに注意する．言い換えれば x 以外の変数が y の不平等配分に影響を及ぼす可能性が現実には存在したとしても，分析の際には一旦無視されることになる．

SSM 調査データにもとづき,性別を機会変数,個人収入を達成変数とした分析を行っている.石田・浜田 (2005) では,同じく SSM 調査データを用い,不動産相続額を機会変数とみなして,所有不動産額と世帯収入という達成変数への影響を検証している.

8.3 機会不平等に起因する相対的剥奪による分解

ここでは,ローマー・モデル,そして仮想的機会調整分析のアイデアに基づき,機会の差によって社会を分割するカテゴリカル変数である「機会変数」(の組合せ) と連続変数である「達成変数」のデータを用いて,「機会不平等に起因する相対的剥奪」部分を特定し,それにより相対的剥奪指数を分解する方法を定式化する.以下では達成変数として所得を想定して説明していくが,達成変数そのものは所得に限定されないことに注意する[*12].

タイプの違いを表す何らかの機会変数によって,社会を互いに排反な K 個の部分集団に分割する.これらの部分集団を添え字 $k \in \{1, 2, \cdots, K\}$ によって区別する.それぞれの部分集団における所得分布の確率密度関数を $f_1, f_2, \cdots, f_K$ とし,各部分集団の人口シェアを $p_1, p_2, \cdots, p_K$, $\sum_{k=1}^{K} p_k = 1$ とする.社会全体の所得分布の確率密度関数 f は $f = \sum_{k=1}^{K} p_k f_k$ である.このとき,$F_k(y)$ は部分集団 k の所得分布 $f_k(z)$ 上の所得 y のランク (累積確率) を表す.また,分布 $f_j(z)$ における π 分位数を $q_j(\pi)$ と記すことにする.

ここで,ローマー・モデルと仮想的機会調整分析における単純化の仮定 8.1–8.3 を前提に,ある個人にとっての「機会不平等に起因する相対的剥奪」(以下,IEO-RD と略す) を以下のように定義する.

[*12] ここで所得を主に想定する理由は,1 つにはこれまでの相対的剥奪指数の導入と展開との整合性から,所得による説明の方が分解方法の理解が容易になると思われるからである.さらに,現実に行われる政府による再分配政策の主要なターゲットが,捕捉しやすく移転も容易な所得であることを考えると,機会平等政策モデルにおいても所得が考慮すべき優位の主要な次元となるからである.

定義 8.1 (IEO-RD). ある個人にとって，所属する部分集団の所得分布上のランク（累積確率）と同ランクかそれより低いランクに位置する他の部分集団の他者の所得との比較によって生じる相対的剥奪を「機会不平等に起因する個人的相対的剥奪 (IEO-RD)」と定義する．

つまり，部分集団 k に属し所得 y をもつ個人にとって，「機会不平等に起因する個人的相対的剥奪」を惹起させる可能性のある比較対象は，$\forall j \neq k$, $q_j(F_k(y)) \geq z_j$ なる所得 z_j をもつ，部分集団 j に属する他者すべてである．ここで，$q_j(F_k(y))$ は，$f_j(z)$ 上の $F_k(y)$ 分位数である．

このように定義された機会不平等に起因する個人的相対的剥奪は，仮定 8.1–8.3 によって再配分が実施された場合ゼロになる剥奪の部分である．なぜならその場合，異なる集団の自分と同ランクの他者とは所得が等しくなり，また異なる集団において自分より所得ランクが低い他者は，v^t の狭義単調増加の仮定より，かならず所得が低くなるからである．そこで，このような剥奪の部分を「機会の平等が実現していれば本来は生じなかった剥奪の部分」と見なすことができる．

以下，IEO-RD による分割を具体的に定式化していこう．まず，これまでと同様に比較関数を

$$D(y; z) = \begin{cases} z - y & y < z \\ 0 & y \geq z \end{cases} \tag{8.6}$$

とおく．部分集団 k に属する所得 y をもつ個人にとっての相対的剥奪を $D_k(y)$ とすると，

$$D_k(y) = \int_0^\infty D(y; z) f(z) dz \tag{8.7}$$

$$= \sum_{j=1}^K \int_0^\infty D(y; z) p_j f_j(z) dz \tag{8.8}$$

である．ここで，定義 8.1 に該当する個人的相対的剥奪部分を $D_k^{\text{IEO}}(y)$ と表記すると，それは

162　第 8 章　機会不平等に起因する相対的剥奪の測定

$$D_k^{\text{IEO}}(y) = \sum_{j:j\neq k} \int_0^{q_j(F_k(y))} D(y;z) p_j f_j(z) dz \tag{8.9}$$

となる[*13]．総和記号の添え字 $j : j \neq k$ は，k 以外のすべての j についての総和を意味する．

$D_k^{\text{IEO}}(y)$ 以外の $D_k(y)$ の部分は，所属集団内の他者との比較から生じる剥奪部分である D^{W} と，IEO-RD ではない所属集団外の他者との比較から生じる剥奪部分である D^{BC} の 2 つに分け，それぞれ

$$D_k^{\text{W}}(y) = \int_0^\infty D(y;z) p_k f_k(z) dz \tag{8.11}$$

$$D_k^{\text{BC}}(y) = \sum_{j:j\neq k} \int_{q_j(F_k(y))}^\infty D(y;z) p_j f_j(z) dz \tag{8.12}$$

と定義する[*14]．当然のことながら，

$$D_k(y) = D_k^{\text{W}}(y) + D_k^{\text{BC}}(y) + D_k^{\text{IEO}}(y) \tag{8.13}$$

である．図 8.1 は，部分集団が 3 つの場合に，部分集団 1 の個人から見たそれぞれの剥奪のタイプを示している．以上のことから，$D_k(y)$ の社会的平均である社会的相対的剥奪指数 D について，以下の分解定理が自明なこととして成立する．

定理 8.1 (IEO-RD による社会的相対的剥奪指数の分解)．社会的相対的剥奪指数 D は以下のように分割できる．

[*13] 4.3.2 項で導入された，準拠集団がある場合の相対的剥奪指数 $D_k^R(y)$ と同様の考え方で，特殊な準拠集団を仮定した上で，比較関数を

$$D_k^{\text{IEO}}(y;z) = \begin{cases} z_j - y & q_j(F_k(y)) \geq z_j \wedge y < z_j \\ 0 & \text{それ以外} \end{cases} \tag{8.10}$$

とおき，この期待値によって $D_k^{\text{IEO}}(y)$ を定義することもできる．

[*14] $D_k^{\text{W}}(y)$ は，4.3.2 項で導入された $D_k^R(y)$ に等しいが，ここでは準拠集団という個人の主観的意味世界を通した剥奪感の違いではなく，外部的に剥奪の種類を判定することに関心があるため，あえて別の表記を用いることにする．

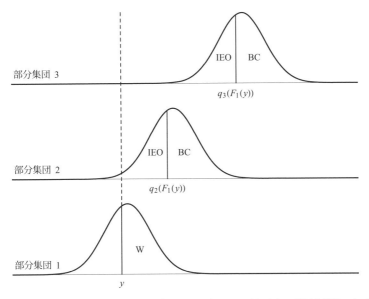

図 **8.1** 部分集団 1 に属する所得 y をもつ個人にとってのそれぞれの相対的剥奪のタイプ

$$D = D^{\mathrm{W}} + D^{\mathrm{BC}} + D^{\mathrm{IEO}} \tag{8.14}$$

ただし，D^{W}, D^{BC}, D^{IEO} は以下のように定義される．

$$D^{\mathrm{W}} = \sum_{k=1}^{K} \int_{0}^{\infty} D_k^{\mathrm{W}}(y) p_k f_k(z) dz \tag{8.15}$$

$$D^{\mathrm{BC}} = \sum_{k=1}^{K} \int_{0}^{\infty} D_k^{\mathrm{BC}}(y) p_k f_k(z) dz \tag{8.16}$$

$$D^{\mathrm{IEO}} = \sum_{k=1}^{K} \int_{0}^{\infty} D_k^{\mathrm{IEO}}(y) p_k f_k(z) dz \tag{8.17}$$

さらに，D^{W}, D^{BC}, D^{IEO} それぞれと社会全体の平均所得 μ との比を，それぞれ $G^{\mathrm{W}} = D^{\mathrm{W}}/\mu$, $G^{\mathrm{BC}} = D^{\mathrm{BC}}/\mu$, $G^{\mathrm{IEO}} = D^{\mathrm{IEO}}/\mu$ とする．このとき，ジニ係数 G を相対的剥奪のタイプによって，以下のように分割すること

ができる.

$$G = G^{\mathrm{W}} + G^{\mathrm{BC}} + G^{\mathrm{IEO}} \tag{8.18}$$

8.4 IEO-RD による分解法の分析例

8.4.1 人種による所得についての機会不平等に起因する相対的剥奪

本節では，IEO-RD による相対的剥奪指数分解の分析例を提示する．まずは，アメリカのコミュニティ調査 (American Community Survey: ACS) データを用いた分析を行う．ACS は，アメリカの国勢調査局によって，2005 年から正式に毎年実施されている大規模標本調査である[*15]．ここでは，一般用に公開されているミクロデータの一部 (Public Use Microdata Sample: PUMS) を用いて，人種という機会の違いを生み出すタイプが，所得という達成にどのように影響を与えているかを分析する．

分析対象とするのは，15 歳以上の男性で，パイロット調査時代を含めて PUMS が公開されている 2000 年から 2010 年の各年のデータを用いる[*16]．タイプの違いを示すカテゴリカル変数である「機会変数」として，ここでは人種変数を用いる．ACS データ上で 9 カテゴリーに分けられていた人種変数を次の 5 カテゴリーに統合する．すなわち，白人 (White alone)，黒人 (Black or African American alone)，ネイティブ (American Indian alone / Alaska Native alone / American Indian and Alaska Native, and no other races)，アジア系 (Asian alone)，そしてその他 (Some other race alone / Two or more major racial groups) の 5 カテゴリーである．相対的剥奪を生み出す比較対象となる「達成変数」として，ここでは個人所得を用いる．相対的剥奪指数の算出に際しては，負の所得に対してゼロを割り当てた．

以下，2000 年代のアメリカにおける，人種による機会不平等に起因する

[*15] ACS の詳細については，森 (2006) を参照のこと．
[*16] ACS の PUMS は次のアメリカ国勢調査局のホームページ (http://www.census.gov/acs/www/data_documentation/pums_data/) から入手可能である．

表 8.1 人種別の人口シェア（ACS データ）

	2000	2001	2002	2003	2004	2005	2006	2007	2008	2009	2010
白人	0.828	0.830	0.826	0.827	0.827	0.813	0.798	0.797	0.804	0.799	0.794
黒人	0.082	0.077	0.076	0.078	0.076	0.081	0.091	0.091	0.093	0.094	0.097
ネイティブ	0.009	0.009	0.009	0.010	0.010	0.009	0.009	0.010	0.010	0.010	0.010
アジア系	0.037	0.036	0.037	0.038	0.039	0.039	0.039	0.040	0.041	0.042	0.044
その他	0.044	0.048	0.052	0.048	0.048	0.058	0.063	0.062	0.052	0.054	0.054
n	140184	448601	405442	452215	451256	1092565	1149577	1162212	1167095	1182080	1198762

表 8.2 人種別の個人的相対的剥奪と IEO-RD の平均値と IEO 比（ACS データ）

		2000	2001	2002	2003	2004	2005	2006	2007	2008	2009	2010
白人	RD	19071.1	19266.3	19542.7	19716.2	20814.9	21844.8	22274.7	23764.2	24528.6	23911.2	23180.0
	IEO-RD	0.1	0.5	0.5	0.3	0.4	0.6	0.9	1.2	1.5	2.2	1.8
	IEO 比	0.000	0.000	0.000	0.000	0.000	0.000	0.000	0.000	0.000	0.000	0.000
黒人	RD	24133.3	24556.9	24866.3	25084.2	26443.2	27713.3	29033.4	30840.4	31813.4	30971.1	29922.8
	IEO-RD	847.2	879.3	883.5	890.1	946.6	998.5	1278.8	1351.5	1410.8	1371.4	1314.5
	IEO 比	0.035	0.036	0.036	0.035	0.036	0.036	0.044	0.044	0.044	0.044	0.044
ネイティブ	RD	23430.3	24349.5	24591.4	25373.2	26631.2	27439.5	28277.9	30066.6	31131.7	30036.5	29305.8
	IEO-RD	664.9	795.3	807.5	951.2	979.6	926.3	1025.8	1085.3	1197.9	1073.0	1095.4
	IEO 比	0.028	0.033	0.033	0.037	0.037	0.034	0.036	0.036	0.038	0.036	0.037
アジア系	RD	20361.2	20417.3	20838.3	21127.5	22110.7	23085.8	23264.8	24819.0	25361.5	24723.4	24165.6
	IEO-RD	54.9	53.9	62.9	67.1	61.4	62.4	48.7	54.5	44.2	54.7	61.4
	IEO 比	0.003	0.003	0.003	0.003	0.003	0.003	0.002	0.002	0.002	0.002	0.003
その他	RD	23964.3	24056.6	24329.5	24665.3	25898.3	27341.9	27818.7	29467.0	30480.5	29783.2	28956.5
	IEO-RD	879.1	813.8	810.6	869.0	881.3	1013.3	1032.1	1038.0	1079.4	1081.2	1065.0
	IEO 比	0.037	0.034	0.033	0.035	0.034	0.037	0.037	0.035	0.035	0.036	0.037

相対的剥奪の変遷を検討する．

まずは，表 8.1 に調査年ごとの人種別の人口シェアを示す．白人が約 80%，黒人が 10% 弱，その他のカテゴリーで 10% 程度となっており，統計上は白人の割合がかなり大きいことに注意しておく．

次に，人種別の個人的相対的剥奪 $D(y)$ とその IEO-RD 部分である $D^{\mathrm{IEO}}(y)$ の平均値，さらに IEO-RD 部分が剥奪指数の平均に占める割合（IEO 比）を表 8.2 にまとめた．また，図 8.2，図 8.3 は，それぞれ $D(y)$，$D^{\mathrm{IEO}}(y)$ の人種別平均の推移を示している．

図 8.2 より，人種ごとの相対的剥奪平均については，平均値の比較的低い白人とアジア系，そして比較的高い黒人，ネイティブ，その他の 2 グループに明確に分かれることがわかる．時系列的な傾向としては，すべての集団で増加の傾向を示し，2008 年を頂点にその後やや減少する傾向を示している．

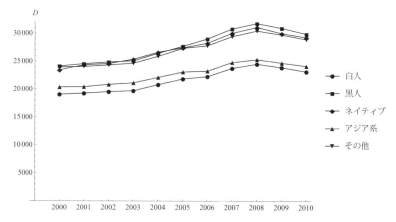

図 8.2　個人的相対的剥奪 $D(y)$ の人種別平均の推移（ACS データ）

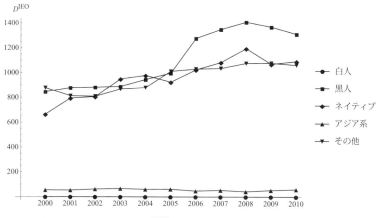

図 8.3　IEO-RD 部分 $D^{\mathrm{IEO}}(y)$ の人種別平均の推移（ACS データ）

また図 8.3 より，人種ごとの IEO-RD の平均についても，ほとんど IEO-RD 部分の剥奪のない白人とアジア系，そしてある程度の剥奪が存在し，上昇トレンドにあるそれ以外の人種に区別される．そのなかでも特に黒人グループは，2004 年から 2008 年にかけて相対的に上昇率が高くなっている．こうした傾向の背景には，この時期問題が表面化したサブプライム・ローン破綻

の影響が黒人層に強く表れたことがあるものと考えられる[*17]．一方，表 8.2 より，それぞれの人種において相対的剥奪に IEO-RD 部分が占める割合は，大きくて 3-4% であり，相対的剥奪の大きな部分を占めているわけではないことが分かる．

さらに，表 8.3 と図 8.4 は，社会的相対的剥奪 D とその分解要素 D^{W}，D^{BC}，D^{IEO} が占める割合を示している．ここから明らかなように IEO 部分の全体に占める割合は増加トレンドであるものの 1% 以下であり，70% 近くが同じ人種内での比較による剥奪である D^{W} で占められていることが分かる．このことは，個人的相対的剥奪において $D^{\mathrm{W}}(y)$ 部分の比率の高い白人グループが人口の 80% を占めることからもたらされた結果であると考え

表 8.3 社会的相対的剥奪指数 D と各分解要素の割合の推移（ACS データ）

	2000	2001	2002	2003	2004	2005	2006	2007	2008	2009	2010
D^{IEO}/D	0.006	0.006	0.006	0.006	0.006	0.007	0.008	0.008	0.008	0.008	0.008
D^{BC}/D	0.272	0.271	0.277	0.276	0.275	0.292	0.311	0.312	0.304	0.311	0.320
D^{W}/D	0.722	0.723	0.717	0.718	0.719	0.702	0.681	0.680	0.688	0.681	0.672
D	19788.1	19990	20288.5	20478.4	21593.4	22738.3	23332.1	24863.3	25617.5	24991.2	24256.3

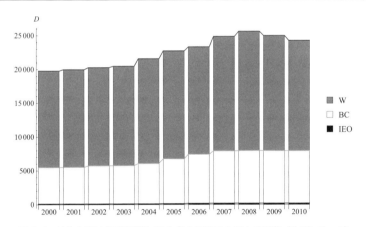

図 8.4 社会的相対的剥奪指数 D と各分解要素の割合の推移（ACS データ）

[*17] 2006 年までの統計では，ラティーノと黒人の住宅ローンがサブプライム・ローンになる割合は，白人の場合の 2.5 から 3 倍であった (Wise 2010=2011: 95)．人種差別とサブプライム・ローン問題との結びつきについては，宮田 (2009) も参照のこと．

られる．この比率は，後述のように部分的には機会変数の構成の仕方に依存するものの，D^{IEO} の割合の小ささは，アメリカにおける人種間機会不平等問題の可視性の低さと関連している可能性がある[*18]．

8.4.2 性別と父親の教育レベルによる教育達成についての機会不平等に起因する相対的剥奪

次に，2005年SSM調査データを用いて，教育達成について機会不平等に起因する相対的剥奪の分析を行う．

教育達成への機会の差をもたらす「機会変数」として，ここでは性別と出身家庭の教育レベルを組み合わせたカテゴリー変数を用いる．具体的に，出身家庭の教育レベルの代理変数として，低 (L)，中 (M)，高 (H) の3段階に分類した父親の教育レベルを用いる[*19]．これと男性 (M) と女性 (F) からなる性別変数を組み合わせて，ML，MM，MH，FL，FM，FH の6つのカテゴリーを作成した．また，達成変数としては本人の教育年数を用いる．

さらに，教育達成の機会格差の時系列的な変化を検討するために，サンプルを以下の5つの出生コーホートに分割し，それぞれ相対的剥奪の分割を実施した．出生コーホートは1935–45年生まれ（調査時点で60–70歳），1946–55年生まれ（調査時点で50–59歳），1956–65年生まれ（調査時点で40–49歳），1966–75年生まれ（調査時点で30–39歳），1976–85年生まれ（調査時点で20–29歳）の5つである．

まずは，表8.4 に出生コーホートごとの機会カテゴリー割合を示す．男性・女性とも，コーホートが若くなるにつれて父親教育レベル低 (L) の割

[*18] ワイズは，アメリカにおいて，各種の人種間不平等が存在しないか，存在したとしても軽度なものだと見なす誤った認識が，特にマジョリティである白人間に見られることを指摘している (Wise 2010=2011)．そして，こうした認識の拡がりを背景にして推し進められる，人種間不平等に限定することなく，より普遍的な形で経済的不平等を是正しようとする「カラー・ブラインド」政策が，人種間不平等問題を一層悪化させていると指摘している．

[*19] 具体的には，父親の教育年数をもとに，教育年数9年以下は低 (L)，12年以下は中 (M)，13年以上は高 (H) とした．

表 8.4 出生コーホートごとの機会カテゴリー割合（SSM 調査データ）

	1935–45	1946–55	1956–65	1966–75	1976–85
ML	0.377	0.311	0.238	0.133	0.067
MM	0.055	0.092	0.167	0.211	0.251
MH	0.060	0.047	0.067	0.111	0.129
FL	0.377	0.367	0.247	0.158	0.082
FM	0.077	0.096	0.182	0.277	0.314
FH	0.055	0.088	0.098	0.111	0.158

表 8.5 機会カテゴリー別の個人的相対的剥奪と IEO-RD の平均値と IEO 比（SSM 調査データ）

		1935–45	1946–55	1956–65	1966–75	1976–85
ML	RD	1.159	1.289	1.174	1.464	1.793
	IEO-RD	0.012	0.033	0.041	0.052	0.069
	IEO 比	0.011	0.026	0.035	0.036	0.038
MM	RD	0.417	0.593	0.804	0.981	1.083
	IEO-RD	0.005	0.001	0.005	0.037	0.041
	比	0.011	0.001	0.006	0.037	0.038
MH	RD	0.350	0.257	0.326	0.640	0.519
	IEO-RD	0.000	0.000	0.000	0.000	0.000
	IEO 比	0.000	0.000	0.000	0.000	0.000
FL	RD	1.439	1.297	1.388	1.365	1.663
	IEO-RD	0.119	0.158	0.079	0.086	0.076
	IEO 比	0.083	0.122	0.057	0.063	0.046
FM	RD	0.924	0.804	0.986	1.094	1.152
	IEO-RD	0.029	0.045	0.021	0.038	0.000
	IEO 比	0.031	0.056	0.021	0.034	0.000
FH	RD	0.577	0.544	0.728	0.631	0.737
	IEO-RD	0.003	0.009	0.004	0.000	0.000
	IEO 比	0.006	0.016	0.005	0.000	0.000

合が少なくなり，反対に中 (M) と高 (H) の割合が大きくなる趨勢が読み取れる．

次に，機会カテゴリー別の相対的剥奪指数の平均と IEO-RD 部分の平均の趨勢をまとめた（表 8.5，図 8.5，図 8.6）．

図 8.5 より，個人的相対的剥奪の平均値について言えば，性別が同じであれば，父親の教育レベルが低いほど平均的な剥奪感が高まるという結果に

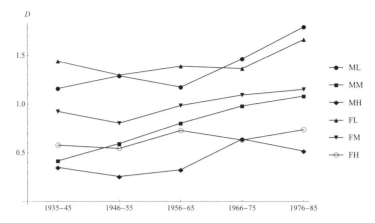

図 8.5　個人的相対的剥奪 $D(y)$ の機会カテゴリー別平均の推移（SSM 調査データ）

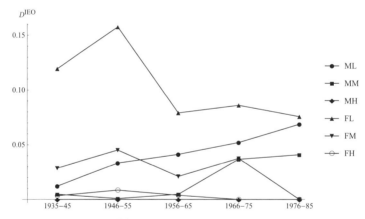

図 8.6　IEO-RD 部分 $D^{\mathrm{IEO}}(y)$ の機会カテゴリー別平均の推移（SSM 調査データ）

なった．一方，図 8.6 より，個人的相対的剥奪の IEO-RD 部分については，FL において平均値が高く，とくに 1946–55 年出生コーホートにおいては，相対的剥奪指数の 12% 以上を占める相対的に高い値となった．この結果については，1946–55 年出生コーホートにおいて高等教育への進学率上昇が男性において先行したことが影響していることが考えられる．また，特筆すべき傾向として，男性の ML 層と MM 層について，出生コーホートが若くな

表 8.6 社会的相対的剥奪指数 D と各分解要素の割合の推移（SSM 調査データ）

	1935–45	1946–55	1956–65	1966–75	1976–85
D^{IEO}/D	0.046	0.069	0.033	0.037	0.020
D^{BC}/D	0.697	0.717	0.801	0.803	0.795
D^{W}/D	0.257	0.214	0.166	0.161	0.186
D	1.125	1.067	1.030	1.061	1.072

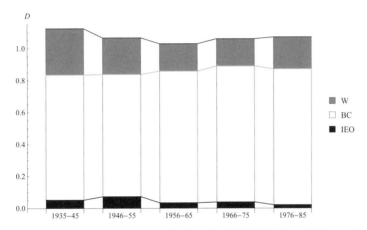

図 8.7 社会的相対的剥奪指数 D と各分解要素の割合の推移（SSM 調査データ）

るにつれて IEO-RD 部分が増大していることが挙げられる．

最後に，表 8.6 と図 8.7 は，社会的相対的剥奪 D とその分解部分 D^{W}，D^{BC}，D^{IEO} が占める割合を示している．IEO 部分の全体に占める割合が最も高くなるのは，1946–55 年コーホートの約 7% であり，コーホートがそれより若くなるとその割合は小さくなる．一方，社会的相対的剥奪 D に大きく貢献しているのは D^{BC} の部分であり 1956–65 年コーホート以降であれば約 80% になる．IEO-RD の分析枠組みでは「機会不平等に起因する」とは見なされないものの，自らとはタイプが異なる他者との比較によって生じる剥奪が，全体の社会的相対的剥奪の大きな部分を占めているといえよう．

8.5 分解法の特性

最後に，ACSデータとSSM調査データの分析から見えてきたIEO-RDによる相対的剥奪指数分解法の特性と限界点について議論し，今後の課題を述べる．

第1に，IEO-RDによる分解の経験的特性として指摘できるのは，社会全体で集計した場合，IEO-RD部分が社会的相対的剥奪指数に占める割合がかなり小さいということである．表8.3と図8.4，表8.6と図8.7において見られたように，社会的相対的剥奪指数においてIEO-RD部分の占める割合は，大きくて7%であり，小さい場合には1%にも満たなかった．このように，IEO-RD部分が全体において小さな割合であることをどのように評価すればよいだろうか．

まず指摘できることは，IEO-RD部分は集団間比較による相対的剥奪のさらに一部分であり，個々の剥奪の集計・平均を取るという社会的相対的剥奪指数の特性上，全体に占めるIEO-RD部分の割合には，指数の定義上の限界があるということである．ACSデータ分析の例において見られたように，マイノリティ集団が機会の不平等にさらされているときには，マジョリティ集団内での剥奪が多く計上されるために，この傾向は特に顕著となる．こうしたマイノリティの状況が反映されにくい傾向は，相対的剥奪指数だけではなく，社会全体の状況を集計化・平均化したマクロ指標においても見られるものである．ゆえに，IEO-RD部分が全体において小さな割合であることをもって，当該の機会不平等問題の重要性や是正のための介入の優先順位を低く見積もる必要はない．「機会平等の原則」のもとでは，IEO-RD部分が優先的に政策対象とされるべきであり，「機会平等の原則」の立場からは，本章の分解法は限られた情報から優先箇所を判断する1つの基準を与える方法となりうる．

一方，IEO-RD分解法を用いる場合は，先の分析例でも実施したように，社会的相対的剥奪の分解だけではなく，各タイプにおける機会不平等の現状把握のために，各タイプの平均的なIEO-RDの違いについても同時に検討する必要があるだろう．

第 2 に，同じ達成変数について分析する場合でも，どのような機会変数を設定するかによって分解結果が変化する．あるいは，同一の機会変数であってもカテゴリー変数の設定の仕方によって，分解結果が異なってくる．一般的な傾向としてカテゴリーを細かくすれば，所属集団内比較による剥奪部分の割合が小さくなり，反対に集団間比較による剥奪部分の割合が大きくなり，IEO-RD 部分も大きくなりやすくなる．では，どのように機会変数を設定すれば良いか．これには，目的に応じて 2 つの方向性が考えられる．

まず，分析の目的が政策介入の効果を測るための政策的な目的であれば，政治的に合意されたタイプの完全なリストから機会変数を構成し，さらに可能であれば努力分布についての情報も用いて，IEO-RD の推定を厳密に行う必要がある．もっとも，ローマーのいうように，どのようなタイプのリストを構成するべきかという問題は，分析法を超えた政治的な課題となる．

一方，ある側面の機会不平等を把握するための分析的な目的であれば，関心のある機会変数に絞った上で，利用できる変数やサンプル・サイズといった現実的な問題に応じて，カテゴリカル変数の構成も柔軟に対応するのがよいだろう．その際，IEO-RD 部分の絶対量や割合そのものではなく，その趨勢や部分集団ごとの差が分析の焦点となるだろう．

機会調整分析にならって強い仮定をおく IEO-RD 分解法は，どちらかといえば後者の分析目的を志向している．

また，カテゴリーの細かさそのものの影響と機会変数独自の効果を峻別するためには，浜田・石田 (2003) が機会調整分析において行っているように，ランダムなカテゴリー化による機会変数の分析結果をベンチマークとして，関心対象の機会変数の効果を測るという方法が考えられるだろう．

以上，指摘した IEO-RD 分解法の経験的特性については，今後の研究の中でさらに理論的な検討が加えられる必要がある．このように，IEO-RD 分解法はさらなる課題や，応用に際しての注意点があるものの，イツハキの相対的剥奪指数とローマーによる機会平等の原則を結びつけることによって得られるシンプルな分解法であり，限られた情報から機会不平等を把握するための分析道具として，広い応用可能性をもっているといえる．

付録 A
微分・積分の基礎

　本書で主に用いられる数学的道具は，1 変数関数の微分・積分である．ここでは，それらの基本的知識を簡潔に導入する．厳密な導入や定理の証明については，専門的な解説書を参照されたい．微分・積分に限らず，教科書や参考書には「合う／合わない」があるので，本来であればいくつかを自ら手にとって比べてみるのがよいだろう．管見の範囲で，さらに微分・積分を学習するのによいと思われる数学的な教科書としては，和達 (1988)，矢野・石原 (1991)，田代 (1995) がある．微分・積分を含めて高校数学からじっくりと独習するのであれば松坂 (1989–90) がよいだろう．微分・積分を含む経済数学の導入としては尾山・安田編 (2013)，Chiang & Wainwright (2005=2010) がある．

A.1　微分の導入のための準備

A.1.1　関　数

　以下，ものの集まりの数学的概念である**集合** (set) を前提として議論を進める．x が集合 X の要素である，あるいは x が X に属していることを $\in$ という記号を用いて，$x \in X$ と表す．また，x が集合 X の要素でない，あるいは x が X に属していないことを，$x \notin X$ と表す．また，「集合 X のすべての（任意の）要素について」ということを，全称記号 $\forall$ を使って，$\forall x \in X$ と表す．

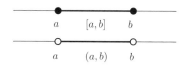

図 **A.1** 閉区間，開区間

集合 X の任意の要素 x に対して，集合 Y のある要素 y をただ 1 つ対応させる規則 f を，X から Y への**関数** (function) という．x に対応する Y の要素 y を，x の f による**値**といい，$y = f(x)$ と表す．また，X を**定義域**といい，定義域のそれぞれの要素に対応する値の集合を**値域**という．

関数は，一般的にどのような集合についても定義できるが，以下では実数全体の集合 $\mathbb{R}$ の部分集合を定義域とし，$\mathbb{R}$ の部分集合を値域とする関数について考える．特に，定義域としては 2 つの実数 a, b ($a < b$) の間からなる**区間** (interval) を考える．区間には，端点を含むか含まないかによっていくつかの種類がある．具体的には，$a \leq x \leq b$ となるような x の集合を**閉区間**といい，$[a,b]$ と表す．そして，$a < x < b$ であるような x の集合を**開区間**といい，(a,b) と表す．実数を 1 つの直線で表すとき，これを数直線とよぶが，閉区間は数直線上で端点を含む線分であり，開区間は端点 a, b を含まない線分である（図 A.1）．

また，片側の端点を含みもう片側の端点を含まないような区間を**半閉区間**または**半開区間**と呼んで，$a \leq x < b$ であれば $[a,b)$，$a < x \leq b$ であれば $(a,b]$ と表す．また無限大 ∞ と無限小 $-\infty$ を用いて，$a \leq x$ となる x の区間を $[a, \infty)$，$x \leq b$ となる x の区間を $(-\infty, b]$ と表す．また実数全体の集合 $\mathbb{R}$ も 1 つの区間と見なして $(-\infty, \infty)$ と表すことがある．

区間を表すカッコは，式中で項をくくるカッコと同じ記号を用いているため，それらを混同しないように文脈に注意してほしい．

A.1.2 関数の極限と連続性

関数 $f(x)$ について，a を 1 つの定数としたとき，x が a と異なる値をと

りながら限りなく a に近づくとき，$f(x)$ が一定の値 α に近づくならば，「x が a に近づくとき $f(x)$ は α に**収束する**」といい，α を x が a に近づくときの関数 $f(x)$ の**極限値** (limit value) という．このことを

$$\lim_{x \to a} f(x) = \alpha \tag{A.1}$$

と表す．特に，関数 $f(x)$ について，

$$\lim_{x \to a} f(x) = f(a) \tag{A.2}$$

が成り立つならば，関数 $f(x)$ は $x = a$ において**連続** (continuous) であるという．$f(x)$ が区間 D の任意の点で連続であるとき，$f(x)$ は区間 D で連続であるという．連続な関数を直感的なイメージで理解するとすれば，グラフを書いたとき「切れ目なくつながっている」ような関数である．

A.2 微 分

A.2.1 微分係数

関数 $y = f(x)$ がある区間 D において定義されているとし，a, b をその区間に属する異なる 2 点とする．このとき，$f(b) - f(a)$ は x の値が a から b まで変化するときの，関数の値の変化量を表している．そして，

$$\frac{f(b) - f(a)}{b - a} \tag{A.3}$$

は x の変化量に対する関数の変化量の割合を示している．これを，x が a から b まで変化するときの関数 $f(x)$ の**平均変化率**という．これは幾何学的にいえば，関数 $y = f(x)$ のグラフ上の 2 点 $(a, f(a))$, $(b, f(b))$ を通る直線の傾きを表している．

x の変化量を $\Delta x = h = b - a$ とおいて，それに対する関数 $y = f(x)$ の変化量を $\Delta y = f(a + h) - f(a)$ とおく．このとき，平均変化率は，

$$\frac{\Delta y}{\Delta x} = \frac{f(a + h) - f(a)}{h} \tag{A.4}$$

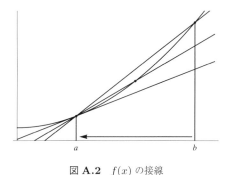

図 **A.2** $f(x)$ の接線

と表すこともできる．$b = a + h$ であるので，b が a に限りなく近づくこと，すなわち $b \to a$ と，h が限りなく 0 に近づく $h \to 0$ は同じことである．このとき，平均変化率の極限値が存在するならば，この極限値を関数 $f(x)$ の $x = a$ における**微分係数** (differential coefficient) といい，$f'(a)$ で表す．すなわち，

$$f'(a) = \lim_{b \to a} \frac{f(b) - f(a)}{b - a} = \lim_{h \to 0} \frac{f(a+h) - f(a)}{h} \tag{A.5}$$

である．ここで，$f'(a)$ は 1 つの定数である．幾何学的に言えば，微分係数 $f'(a)$ は点 $(a, f(a))$ における関数 $f(x)$ の接線の傾きである (図 A.2)．

微分係数 $f'(a)$ が存在するとき，関数 $f(x)$ は $x = a$ において**微分可能** (differentiable) であるという．また，関数 $f(x)$ が区間 D のすべての点で微分可能であれば，$f(x)$ は区間 D で微分可能であるという．$f(x)$ は区間 D で微分可能であれば，$f(x)$ は D で連続であるという定理が成立する．しかし，連続であっても微分可能であるとは限らない．直感的なイメージでいうと，区間 D において微分可能な関数は，D において連続であるばかりでなく，「なめらかでカクカクしていない」関数である．

A.2.2 導関数

関数 $y = f(x)$ が，ある区間 D において微分可能であるとする．ここで，

微分係数 $f'(a)$ において定数 a を変数 x に置き換えると，変数 x に応じて値 $f'(x)$ をとる関数が得られる．この関数 $f'(x)$ を $f(x)$ の **導関数** (derivative) と呼ぶ．

関数 $y = f(x)$ の導関数は，また

$$y', \quad \frac{dy}{dx}, \quad \frac{d}{dx}f(x) \tag{A.6}$$

とも表される．とくに dy/dx や $df(x)/dx$ は導関数の古典的な表記であり，

$$\frac{dy}{dx} = \lim_{\Delta x \to 0} \frac{\Delta y}{\Delta x} \tag{A.7}$$

に由来する．ただし，$\Delta y/\Delta x$ は x の変化量と y の変化量の比を示す分数であるが，dy/dx は分数ではなく全体で導関数を表す記号であり，「ディーワイ・ディーエックス」と読むのが慣習である．

関数 $f(x)$ から，その導関数 $f'(x)$ を求めることを，$f(x)$ を x で **微分する** という．

A.2.3 導関数の基本定理

関数の導関数は，平均変化率と微分係数の定義に立ち戻って求めることができる．定数関数と x^n について次の定理が成り立つ．

定理 A.1. 定数 c と任意の整数 n について以下のことが成立する．ただし，n が負のときには，$x \neq 0$ であると仮定する．

$$c' = 0 \qquad (x^n)' = nx^{n-1} \tag{A.8}$$

また，次の公式は導関数の計算の際に頻繁に用いられる．

定理 A.2. $f(x), g(x)$ が区間 D で微分可能な関数ならば，その区間において以下のことが成立する

(1) $\{kf(x)\}' = kf'(x)$ （ただし，k は定数）

(2) $\{f(x) + g(x)\}' = f'(x) + g'(x)$

(3) $\{f(x) - g(x)\}' = f'(x) - g'(x)$

(4) $\{f(x)g(x)\}' = f'(x)g(x) + f(x)g'(x)$

(5) $\left\{\dfrac{f(x)}{g(x)}\right\}' = \dfrac{f'(x)g(x) - f(x)g'(x)}{\{g(x)\}^2}$　　（ただし，$g(x) \neq 0$ のとき）

次の合成関数の微分法も計算テクニックとしてしばしば用いられる．合成関数の微分の公式は，微分法の連鎖律とも呼ばれる．

定理 A.3（合成関数の微分）．関数 $y = f(x)$ が区間 I において微分可能で，その値域が区間 J に含まれているとする．このとき，$z = g(y)$ が区間 J において微分可能であれば，合成関数 $z = g(f(x))$ は区間 I において微分可能であり，

$$\frac{dz}{dx} = \frac{dz}{dy}\frac{dy}{dx} = g'(f(x))f'(x) \tag{A.9}$$

が成り立つ．

例えば，関数 $z = (x^3 + 2x^2 + x)^4$ は $y = x^3 + 2x^2 + x$ とおけば，

$$\frac{dz}{dx} = \frac{dz}{dy}\frac{dy}{dx} = 4y^3(3x^2 + 4x + 1) = 4(x^3 + 2x^2 + x)^3(3x^2 + 4x + 1) \tag{A.10}$$

と計算できる．

A.2.4　関数の挙動，対数関数・指数関数の導関数

定義域に区間 D を含む $y = f(x)$ について，区間 D において x が増加すると y も増加するとき，つまり区間 D 内の x_1, x_2 について常に $x_1 < x_2$ ならば $f(x_1) < f(x_2)$ が成り立つとき，$f(x)$ は D において**単調増加**であるとい

う．一方，区間 D 内の x_1, x_2 について常に $x_1 < x_2$ ならば $f(x_1) > f(x_2)$ が成り立つとき，$f(x)$ は D において**単調減少**であるという．単調増加・単調減少といった関数の挙動は，以下の定理によって導関数の符号から知ることができる[*1]．

定理 A.4 (関数の挙動)．関数 $f(x)$ が区間 D で微分可能であるとする．そのとき，以下のことが成立する．

(1) D においてつねに $f'(x) > 0$ ならば，$f(x)$ は D において単調増加する．

(2) D においてつねに $f'(x) < 0$ ならば，$f(x)$ は D において単調減少する．

(3) D においてつねに $f'(x) = 0$ ならば，$f(x)$ は D において定数である．

$y = f(x)$ が区間 D において単調増加もしくは単調減少関数であれば，値域内の y の値に対して，区間 D において $f(x) = y$ となるただ 1 つの x の値が定まる．このような，y を x に対応づける関数を $f(x)$ の**逆関数**とよび，$x = f^{-1}(y)$ と表す．逆関数の導関数は以下の定理によって与えられる．

定理 A.5 (逆関数の導関数)．関数 $y = f(x)$ が区間 D で微分可能であり，常に $f'(x) > 0$ または $f'(x) < 0$ とすれば，逆関数 $x = f^{-1}(y)$ が存在し，$f^{-1}(y)$ も微分可能であり，導関数は以下の式で与えられる．

$$(f^{-1}(y))' = \frac{1}{f'(x)} \tag{A.11}$$

次に，指数関数と対数関数の導関数を検討する．ここで**ネイピア数**と呼ばれる定数 e を導入する．e は

$$e = \lim_{t \to \infty} \left(1 + \frac{1}{t}\right)^t = 2.7182818284\ldots \tag{A.12}$$

[*1] 証明には「平均値の定理」と呼ばれる別の定理が必要となる．

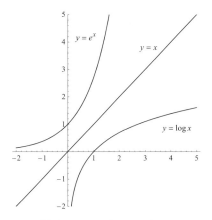

図 **A.3** $\log x$ と e^x のグラフ

という極限値である．関数 $y = e^x$ を定数 e の指数関数という．

対数関数は指数関数の逆関数として定義される．$x = e^y$ が成り立つとき，y を「e を底とする x の対数」といい，$y = \log_e x$ と表す．指数関数は区間 $(-\infty, \infty)$ で定義されるが，対数関数は区間 $(0, \infty)$ で定義される．e を底とする対数は数学的に重要であり，**自然対数**といわれ，底を明示せずに単に $\log$ あるいは $\ln$ と表される．本書で $\log$ とある場合は，すべて自然対数を示すと約束する．このとき，定数 e は**自然対数の底**ともいわれる．

定理 A.6 (対数関数・指数関数の導関数)．e を自然対数の底とするとき，以下のことが成立する．

(1) $(\log x)' = \dfrac{1}{x}$ 　（ただし $x > 0$ のとき）

(2) $(e^x)' = e^x$

A.3　積　分

以下では定積分の定義を少し丁寧に導入し，微分と積分の関係を示す「微分積分の基本定理」を導く．さらに，不定積分，定積分の実際の計算方法を

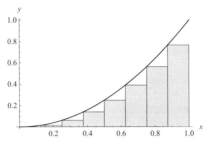

図 **A.4** 面積 S の下からの近似 ($n = 8$)

確認する．

A.3.1 区分求積法

関数 $y = x^2$ と x 軸および直線 $x = 1$ によって囲まれた図形の面積 S を求めたい．このために，この図形を長方形の和によって近似することを考える．

区間 $[0, 1]$ を n 等分して，長方形の底辺を作る．そして，高さは底辺の左端における x の値に対応する $f(x) = x^2$ とする．例えば，$n = 8$ のとき，8 つ（実質的には 7 つ）の長方形があり，底辺は $1/8$，高さは左から $0^2, (1/8)^2, \cdots, (7/8)^2$ となる（図 A.4）．この長方形の面積の合計が問題の面積 S の下からの近似になる．一般に n 等分したときの面積 S の下からの近似を s_n とすると，以下のようになる．

$$s_n = \frac{1}{n}\left\{0^2 + \left(\frac{1}{n}\right)^2 + \left(\frac{2}{n}\right)^2 + \cdots + \left(\frac{n-1}{n}\right)^2\right\} \tag{A.13}$$

$$= \frac{1}{6}\left(1 - \frac{1}{n}\right)\left(2 - \frac{1}{n}\right) \tag{A.14}$$

次に，同じように区間 $[0, 1]$ を n 等分して，長方形の底辺を作る．そして，高さは底辺の右端における x の値に対応する $f(x) = x^2$ とする．例えば，$n = 8$ のとき，8 つの長方形があり，底辺は $1/8$，高さは左から $(1/8)^2, (2/8)^2, \cdots, (8/8)^2$ となる（図 A.5）．この長方形の面積の合計は面積

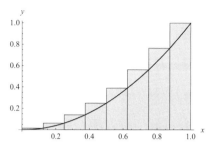

図 **A.5** 面積 S の上からの近似 ($n = 8$)

S の上からの近似になる．一般に n 等分したときの面積 S の上からの近似を S_n とすると，

$$S_n = \frac{1}{n}\left\{\left(\frac{1}{n}\right)^2 + \left(\frac{2}{n}\right)^2 + \cdots + \left(\frac{n}{n}\right)^2\right\} \tag{A.15}$$

$$= \frac{1}{6}\left(1 + \frac{1}{n}\right)\left(2 + \frac{1}{n}\right) \tag{A.16}$$

である．s_n と S_n，そして真の面積 S の関係を考えると，n が有限であれば明らかに $s_n < S < S_n$ である．s_n と S_n の $n \to \infty$ のときの極限値をとると，

$$\lim_{n\to\infty} s_n = \lim_{n\to\infty} S_n = \frac{1}{3} \tag{A.17}$$

であるので，n を大きくしていったとき，s_n と S_n は S をはさんで，ただ1つの値 $1/3$ に近づく．このことから，$S = 1/3$ である．このように面積を求める方法を**区分求積法**という．以下では，区分求積法を一般化した方法としての定積分を導入する．

A.3.2 リーマン和の極限値としての定積分

一般的に関数 $f(x)$ を区間 $[a,b]$ で定義された連続関数とする．ここで区間 $[a,b]$ を $a = x_0 < x_1 < x_2 < \cdots < x_n = b$ を満たす有限個の点

列 $x_0, x_1, x_2, \cdots, x_n$ で分割することを考える．分割という操作を一般的に $P = (x_0, x_1, x_2, \cdots, x_n)$ というように書く．P によって分割された $[a, b]$ の小区間はそれぞれ $[x_0, x_1], [x_1, x_2], \cdots, [x_{n-1}, x_n]$ となる．分割は必ずしも等分割である必要はない．

区間 $[a, b]$ について，分割 P によって得られる各々の小区間 $[x_{k-1}, x_k]$ から任意に点 c_k を選択して，$f(c_k)$ をそれぞれ $x_k - x_{k-1}$ とかけて長方形の面積を得る．こうしてできる k 個の長方形の面積を足し合わせた

$$\sum_{k=1}^{n} f(c_k)(x_k - x_{k-1}) \tag{A.18}$$

を，分割 P に関する f の**リーマン和**と呼ぶ．

分割 P において，分割されたそれぞれの小区間 $[x_{k-1}, x_k]$ の長さ $x_k - x_{k-1}$ の中で最大のものを $|P|$ と表すことにする．このとき，すべての小区間の長さ $x_k - x_{k-1}$ が 0 に近づくように，分割を細かくしていくことを，簡単に $|P| \to 0$ と表すことができる．そして，$|P| \to 0$ のときのリーマン和の極限値を，区間 $[a, b]$ における f の**定積分** (definite integral) と呼んで

$$\int_a^b f \quad \text{または} \quad \int_a^b f(x)dx \tag{A.19}$$

と表す．すなわち，

$$\int_a^b f(x)dx = \lim_{|P| \to 0} \sum_{k=1}^{n} f(c_k)(x_k - x_{k-1}) \tag{A.20}$$

である．a をこの定積分の**下端**，b を**上端**という．定積分内部の x は，$\sum_{i=1}^{n}$ 記号における添字 i と同様の意味を持つものにすぎないので，これを他の記号に置き換えても意味は同じである．

一般に区間 $[a, b]$ において $f(x)$ が連続であれば，定積分 $\int_a^b f(x)dx$ を求めることができる．これを**積分可能**という．また，区間 $[a, b]$ において $f(x) \geq 0$ であれば，定積分 $\int_a^b f(x)dx$ は，$y = f(x)$ のグラフと x 軸および，2 つの直線 $x = a$, $x = b$ によって囲まれる図形の面積を表す．

ここまでは，実際の区間の分割によって定積分を定義してきたので，上端と下端について $a < b$ を仮定してきた．ここで，定積分の計算を一般化するために，$a \geq b$ のとき，$\int_a^b f = -\int_b^a f$，また，$\int_a^a f = 0$ と定義する．このとき，以下の定理が成立する．

定理 A.7. 関数 f が積分可能である区間 D において，任意の $a, b, c \in D$ について，

$$\int_a^b f = \int_a^c f + \int_c^b f$$

が成り立つ．

A.3.3 定積分と微分の関係

関数 f をある区間 D において連続な関数とすると，ある $a \in D$ を下端として，任意の $x \in D$ を上端とする定積分が存在する．これは x の関数と見なすことができるので，この関数を $G(x)$ とおくと

$$G(x) = \int_a^x f(t)dt \tag{A.21}$$

と定義される．このとき，以下の定理が成立する．

定理 A.8. 上記の仮定の下で，関数 $G(x)$ は区間 D で微分可能であり，以下の式が成立する．

$$G'(x) = f(x) \tag{A.22}$$

$f(x)$ を区間 D で定義された関数とする．このとき $F(x)$ が同じ区間 D で定義された関数であって，

$$F'(x) = f(x)$$

が成り立つとき，関数 $F(x)$ を $f(x)$ の**原始関数** (primitive function)，または**不定積分** (indefinite integral) とよぶ．$F(x)$ が $f(x)$ の原始関数であれ

ば，C を任意の定数とするとき，$F(x)+C$ もまた $f(x)$ の原始関数の 1 つとなる．というのも

$$(F(x)+C)' = F'(x) = f(x)$$

だからである．逆に言えば，区間 D で f が原始関数を持つならば，任意の定数部分 C を除くと一意に定まる．たとえば，$(x^3/3)' = x^2$ なので，x^2 の原始関数は $x^3/3 + C$ と表される．定理 A.8 における $G(x)$ も f の 1 つの原始関数になっている．また，ここから f が連続関数であれば必ず原始関数を持つ，ということが言える．

定理 A.8 より，以下の重要な基本定理が導かれる．

定理 A.9 (微分積分学の基本定理)．$f(x)$ を区間 D で定義された連続関数，$F(x)$ を $f(x)$ の 1 つの原始関数とする．このとき，D に属する任意の a, b について，

$$\int_a^b f(x)dx = F(b) - F(a)$$

が成り立つ．

この定理によって，定積分を計算するときには原始関数の 1 つを見いだし，公式に当てはめて計算すればよいことが分かる．公式の右辺 $F(b) - F(a)$ はしばしば $[F(x)]_a^b$ と表される．例えば，$f(x) = x^2$ において，下端 0，上端 1 の定積分を計算する．原始関数の 1 つは $F(x) = x^3/3$ なので，

$$\int_0^1 x^2 dx = \left[\frac{1}{3}x^3\right]_0^1 = \frac{1}{3}\cdot 1 - \frac{1}{3}\cdot 0 = \frac{1}{3} \tag{A.23}$$

となる．

A.3.4 不定積分の計算

ここでは，連続関数の不定積分・原始関数の具体的な求め方を概観する．一般に関数 $f(x)$ の不定積分を

$$\int f \quad \text{または} \quad \int f(x)dx \tag{A.24}$$

と表す．$F(x)$ を $f(x)$ の 1 つの不定積分とすると，

$$\int f(x)dx = F(x) + C \tag{A.25}$$

である．このとき定数 C を**積分定数**とよぶ．関数 f の不定積分を求めることを，f を**積分する**という．

不定積分は微分の逆演算であるので，基本的な関数の積分方法は微分の公式から求められる．まずは，定理 A.1 より，関数 x^n の積分について，次の定理が成立する．

定理 A.10. $n \neq -1$ を満たす任意の整数 n について，

$$\int x^n dx = \frac{1}{n+1} x^{n+1} + C \tag{A.26}$$

が成立する．ただし，$n \leq -2$ のときは，$x \neq 0$ であると仮定する．

また，定理 A.2 の (1), (2), (3) より，定数倍，和，差の積分について以下の定理が成り立つ．

定理 A.11.

(1) $\displaystyle\int kf(x)dx = k\int f(x)dx$ （ただし，k は定数）

(2) $\displaystyle\int \{f(x) + g(x)\}dx = \int f(x)dx + \int g(x)dx$

(3) $\displaystyle\int \{f(x) - g(x)\}dx = \int f(x)dx - \int g(x)dx$

さらに，定理 A.6 より以下の公式が成立する．

定理 A.12.

(1) $\int \dfrac{1}{x}dx = \log|x| + C$ 　　（ただし，$x \neq 0$ のとき）

(2) $\int e^x dx = e^x + C$

以下の公式は，合成関数の微分法から導出される置換積分法と呼ばれる積分法であり，しばしば積分計算に用いられる．

定理 A.13 (置換積分法). x を t を変数とする微分可能な関数 $\varphi(t)$ を用いて，$x = \varphi(t)$ とおいたとき
$$\int f(x)dx = \int f(\varphi(t))\varphi'(t)dt.$$

さらに，定理 A.2(4) の関数の積の導関数の公式より，部分積分法とよばれる以下の公式が得られる．

定理 A.14 (部分積分法).
$$\int f(x)g'(x)dx = f(x)g(x) - \int f'(x)g(x)dx$$

A.3.5　定積分の計算

積分可能な関数 $f(x)$ について，a から b の範囲で定積分を計算するためには，関数 $f(x)$ の不定積分 $F(x)$ を求め，定理 A.9 の微分積分学の基本定理より，$[F(x)]_a^b = F(b) - F(a)$ を計算すればよい．ここでは，定積分における置換積分法と部分積分法について確認しておく．

定理 A.15 (定積分の置換積分法). 関数 $f(x)$ が連続であり，$x = \varphi(t)$ が連続な導関数 $\varphi'(t)$ をもち，t の値 α, β に対して
$$\varphi(\alpha) = a, \quad \varphi(\beta) = b$$

ならば,
$$\int_a^b f(x)dx = \int_\alpha^\beta f(\varphi(t))\varphi'(t)dt.$$

定理 A.16 (定積分の部分積分法).
$$\int_a^b f(x)g'(x)dx = [f(x)g(x)]_a^b - \int_a^b f'(x)g(x)dx$$

文献一覧

Arneson, Richard J., 1989, "Equality and Equal Opportunity for Welfare," *Philosophical Studies,* 56(1): 77–93.

Aron, Raymond, 1965, *Main Currents in Sociological Thought I,* New York, NY: Basic Books.（＝ 1974, 北川隆吉・平野秀秋・佐藤守弘・岩城完之・安江孝司訳『社会学的思考の流れ I』法政大学出版局.）

Atkinson, Anthony B., 1970, "On the Measurement of Inequality," *Journal of Economic Theory,* 2(3): 244–63.

Bárcena-Martín, Elena, Luis Imedio-Olmedo, & Guillermina Martín-Reyes, 2007, "Inequality and Deprivation within and between Groups: An Illustration of European Union Countries," *Journal of Economic Inequality,* 5(3): 323–37.

Berrebi, Z. M. & Jacques Silber, 1985, "Income Inequality Indices and Deprivation: A Generalization," *Quarterly Journal of Economics,* 100(3): 807–10.

Blanchflower, David G. & Andrew J. Oswald, 2004, "Well-being over Time in Britain and the USA," *Journal of Public Economics,* 88(7–8): 1359–86.

Blau, Peter M., 1977, *Inequality and Heterogeneity,* New York, NY: Free Press.

Boorstin, Daniel J., 1969, *The Decline of Radicalism: Reflections on America Today,* New York, NY: Random House.（＝ 1990, 橋本富郎訳『現代アメリカ社会——コミュニティの経験』世界思想社.）

Bossert, Walter & Conchita D'Ambrosio, 2006, "Reference Groups and Individual Deprivation," *Economics Letters,* 90(3): 421–26.

Boudon, Raymond, 1982, *The Unintended Consequences of Social Action,* London, UK: The Macmillan Press.

Brockmann, Hilke, Jan Delhey, Christian Welzel, & Hao Yuan, 2008, "The China Puzzle: Falling Happiness in a Rising Economy," *Journal of Happiness Studies,* 10(4): 387–405.

Brosnan, Sarah F. & Frans B. M. de Waal, 2003, "Monkeys Reject Unequal Pay," *Nature,* 425: 297–99.

Ceriani, Lidia & Paolo Verme, 2012, "The Origins of the Gini Index: Extracts from Variabilità e Mutabilità (1912) by Corrado Gini," *Journal of Economic Inequality,* 10: 421–43.

Chakravarty, Satya R., 1990, *Ethical Social Index Numbers,* Berlin, Germany: Springer-Verlag.

―――, 1997, "Relative Deprivation and Satisfaction Orderings," *Keio Economic Studies,* 34(2): 17–31.

―――, 2009, "Deprivation, Inequality and Welfare," *Japanese Economic Review,* 60(2): 172–90.

―――, 2010, *Inequality, Polarization and Poverty: Advances in Distributional Analysis,* New York, NY: Springer.

Chakravarty, Satya R. & A. B. Chakraborty, 1984, "On Indices of Relative Deprivation," *Economics Letters,* 14(2–3): 283–87.

Chakravarty, Satya R., Nachiketa Chattopadhyay, & Amita Majumder, 1995, "Income Inequality and Relative Deprivation," *Keio Economic Studies,* 32: 1–15.

Chakravarty, Satya R. & Patrick Moyes, 2003, "Individual Welfare, Social Deprivation and Income Taxation," *Economic Theory,* 21(4): 843–69.

Chakravarty, Satya R. & Diganta Mukherjee, 1999, "Measures of Deprivation and Their Meaning in terms of Social Satisfaction," *Theory and Decision,* 47(1): 89–100.

Chiang, Alpha C. & Kevin Wainwright, 2005, *Fundamental Methods of Mathematical Economics, 4th Edition*, New York, NY: McGraw-Hill. (= 2010, 小田正雄・高森寛・森崎初男・森平爽一郎訳『現代経済学の数学基礎 [第 4 版]』（上・下）シーエーピー出版.)

Clark, Andrew E., Paul Frijters, & Michael A. Shields, 2008, "Relative Income, Happiness, Utility: An Explanation for the Easterlin Paradox and Other Puzzles," *Journal of Economic Literature,* 46(1): 95–144.

Clark, Andrew E. & Andrew J. Oswald, 1996, "Satisfaction and Comparison Income," *Journal of Public Economics,* 61(3): 359–81.

Clark, Andrew E. & Claudia Senik, 2010, "Who Compares to Whom? The Anatomy of Income Comparisons in Europe," *Economic Journal,* 120: 573–94.

Cohen, G. A., 1989, "On the Currency of Egalitarian Justice," *Ethics,* 99(4): 906–44.

Crosby, Faye, 1976, "A Model of Egoistical Relative Deprivation," *Psychological Review,* 83(2): 85–113.

―――, 1984, "Relative Deprivation in Organizational Settings," *Research in Organizational Behavior,* 6: 51–93.

D'Ambrosio, Conchita & Joachim R. Frick, 2007, "Income Satisfaction and Relative Deprivation: An Empirical Link," *Social Indicators Research,* 81: 497–519.

Davis, James A., 1959, "A Formal Interpretation of the Theory of Relative Deprivation," *Sociometry,* 22(4): 280–96.

Deaton, Angus, 2008, "Income, Health and Well-being around the World: Evidence from the Gallup World Poll," *Journal of Economic Perspectives,* 22(2): 53–72.

de Waal, Frans, 2009, *The Age of Empathy: Nature's Lessons for a Kinder Society,* New York, NY: Harmony Books. (= 2010, 柴田裕之

訳『共感の時代へ――動物行動学が教えてくれること』紀伊國屋書店．）
Durkheim, Émile, 1897, *Le Suicide: Étude de Sociologie,* Paris, France: Félix Alcan.（＝ 1985, 宮島喬訳『自殺論』中央公論社．）
Dworkin, Ronald, 2000, *Sovereign Virtue: The Theory and Practice of Equality,* Cambridge, MA: Harvard University Press.（＝ 2002, 小林公・大江洋・高橋秀治・高橋文彦訳『平等とは何か』木鐸社．）
Easterlin, Richard A., 1974, "Does Empirical Growth Improve the Human Lot? Some Empirical Evidence," Paul A. David & Melvin W. Reder eds., *Nations and Households in Economic Growth: Essays in Honor of Moses Abramovitz,* New York, NY: Academic Press, 89–125.
―――, 1995, "Will Raising the Incomes of All Increase the Happiness of All?" *Journal of Economic Behavior & Organization,* 27(1): 35–47.
―――, 2005, "Feeding the Illusion of Growth and Happiness: A Reply to Hagerty and Veenhoven," *Social Indicators Research,* 74(3): 429–43.
Ebert, Udo & Patrick Moyes, 2000, "An Axiomatic Characterization of Yitzhaki's Index of Individual Deprivation," *Economics Letters,* 68(3): 263–70.
Eibner, Christine & William N. Evans, 2005, "Relative Deprivation, Poor Health Habits, and Mortality," *Journal of Human Resources,* 40(3): 591–620.
Fararo, Thomas J. & Kenji Kosaka, 2003, *Generating Images of Stratification: A Formal Theory,* Dordrecht, Netherlands: Kluwer Academic Publisher.
Ferrer-i-Carbonell, Ada, 2005, "Income and Well-being: An Empirical Analysis of the Comparison Income Effect," *Journal of Public Economics,* 89(5–6): 997–1019.

Frey, Bruno S., 2008, *Happiness: A Revolution in Economics*, Cambridge, MA: MIT Press.（= 2012, 白石小百合訳『幸福度をはかる経済学』NTT 出版.）

Frey, Bruno S. & Alois Stutzer, 2002, *Happiness and Economics: How the Economy and Institutions Affect Human Well-being*, Princeton, NJ: Princeton University Press.（= 2005, 佐和隆光監訳・沢崎冬日訳『幸福の政治経済学――人々の幸せを促進するものは何か』ダイヤモンド社.）

付允, 2011,『可持続発展的公平度量――相対的剥奪感理論、模型与実証研究』北京, 中国：中国発展出版社.

古市憲寿, 2011,『絶望の国の幸福な若者たち』講談社.

Girard, René, 1961, *Mensonge Romantique et Vérité Romanesque*, Paris, France: Grasset.（= 2010, 古田幸男訳『欲望の現象学――ロマンティークの虚偽とロマネスクの真実』法政大学出版局.）

Glazer, Nathan, 1949, "'The American Soldier' as Science," *Commentary,* 8: 487–96.

後藤玲子, 2002,「ジョン・ローマー――機会の平等アプローチと社会保障」『海外社会保障研究』138: 43–54.

Graham, Carol, 2009, *Happiness Around the World: The Paradox of Happy Peasants and Miserable Millionaires,* Oxford, UK: Oxford University Press.

―――, 2011, *The Pursuit of Happiness: An Economy of Well-Being,* Washington, DC: Brookings Institution Press.（= 2013, 多田洋介訳『幸福の経済学』日本経済新聞出版社.）

Graham, Carol & Stefano Pettinato, 2002, "Frustrated Achievers: Winners, Losers and Subjective Well-being in New Market Economies," *Journal of Development Studies,* 38(4): 100–40.

Hacking, Ian, 1990, *The Taming of Chance,* Cambridge, UK: Cambridge University Press.（= 1999, 石原英樹・重田園江訳『偶然を飼いなら

す――統計学と第二次科学革命』木鐸社．)

浜田宏，2001，「経済的地位の自己評価と準拠集団――δ区間モデルによる定式化」『社会学評論』52(2): 283–99．

―――，2007，『格差のメカニズム――数理社会学的アプローチ』勁草書房．

浜田宏・石田淳，2003，「不平等社会と機会の均等――機会格差調整後の不平等度測定法」『社会学評論』54(3): 232–49．

原純輔・海野道郎，2004，『社会調査演習［第2版］』東京大学出版会．

Hey, John D. & Peter J. Lambert, 1980, "Relative Deprivation and the Gini Coefficient: Comment," *Quarterly Journal of Economics,* 95(3): 567–73.

星敦士，2000，「階層帰属意識の判断基準と比較基準――準拠枠としてのネットワークの機能」『社会学評論』51(1): 120–35．

飯田善郎，2009，「相対所得における他者とは誰か――アンケート調査から」『京都産業大学論集 社会科学系列』26: 131–56．

―――，2011，「相対所得におけるリファレンスグループの選択とその動機」『京都産業大学論集 社会科学系列』28: 1–23．

Ishida, Atsushi, 2012, "An Evolutionary Game Analysis of the Boudon-Kosaka Model of Relative Deprivation,"『関西学院大学社会学部紀要』114: 155–70．

Ishida, Atsushi, Kenji Kosaka, & Hiroshi Hamada, 2014, "A Paradox of Economic Growth and Relative Deprivation," *Journal of Mathematical Sociology,* 38(4): 269–84.

石田淳，2009，「仮想的所得再分配による不平等と幸福総和の変動――2005年SSM調査データを用いたシミュレーション分析」『社会学評論』59(4): 752–67．

―――，2011，「相対的剥奪と準拠集団の計量モデル――Yitzhakiの個人相対的剥奪指数の応用」『理論と方法』26(2): 371–88．

―――，2014，「機会不平等に起因する相対的剥奪の測定」『理論と方法』

29(1): 81–97.

石田淳・浜田宏，2005，「仮想的機会調整分析による不平等分析――ブートストラップ法による機会調整前後のジニ係数の有意差検定」『理論と方法』20(1): 109–25.

Kakwani, Nanak C., 1980, *Income Inequality and Poverty: Methods of Estimation and Policy Applications,* Oxford, UK: Oxford University Press.

―――, 1984, "The Relative Deprivation Curve and Its Applications," *Journal of Business & Economic Statistics,* 2(4): 384–94.

Kendall, Patricia L. & Paul F. Lazarsfeld, 1950, "Problems of Survey Analysis," Paul F. Lazarsfeld & Robert K. Merton eds., *Continuities in Social Research: Studies in the Scope and Method of "The American Soldier,"* Glencoe, IL: The Free Press, 133–96.

木村和範，2008，『ジニ係数の形成』北海道大学出版会．

Knight, John, Lina Song, & Ramani Gunatilaka, 2009, "Subjective Well-being and Its Determinants in Rural China," *China Economic Review,* 20(4): 635–49.

小林大祐，2004，「階層帰属意識に対する地域特性の効果――準拠集団か認識空間か」『社会学評論』55(3): 348–66.

Kondo, N., I. Kawachi, H. Hirai, K. Kondo, S. V. Subramanian, T. Hanibuchi, & Z. Yamagata, 2009, "Relative Deprivation and Incident Functional Disability among Older Japanese Women and Men: Prospective Cohort Study," *Journal of Epidemiology and Community Health,* 63(6): 461–67.

Kosaka, Kenji, 1986, "A Model of Relative Deprivation," *Journal of Mathematical Sociology,* 12(1): 35–48.

髙坂健次，2006，『社会学におけるフォーマル・セオリー――階層イメージに関する FK モデル［改訂版］』ハーベスト社．

―――, 2009，「相対的剥奪論 再訪（一）――『アメリカ軍兵士』」『関西

学院大学社会学部紀要』108: 121–32.

─── , 2010a, 「相対的剥奪論　再訪（二）」『関西学院大学社会学部紀要』109: 137–47.

─── , 2010b, 「相対的剥奪論　再訪（三）」『関西学院大学社会学部紀要』110: 47–54.

─── , 2011, 「相対的剥奪論　再訪（四）」『関西学院大学社会学部紀要』111: 137–44.

─── , 2012, 「相対的剥奪論　再訪（七）」『関西学院大学社会学部紀要』114: 245–56.

Lambert, Peter J., 2001, *The Distribution and Redistribution of Income, 3rd edition,* Manchester, UK: Manchester University Press.

Lieberson, Stanley, 1969, "Measuring Population Diversity," *American Sociological Review,* 34(6): 850–62.

Lora, Eduardo & Juan Camilo Chaparro, 2009, "The Conflict Relationship between Satisfaction and Income," Carol Graham & Eduardo Lora eds., *Paradox and Perception: Measuring Quality of Life in Latin America,* Washington, DC: Brookings Institution Press, 57–95.

Luttmer, Erzo F. P., 2005, "Neighbors as Negatives: Relative Earnings and Well-being," *Quarterly Journal of Economics,* 120(3): 963–1002.

Maeda, Yutaka & Atsushi Ishida, 2013, "Income Comparison as a Determining Mechanism of Class Identification: A Quantitative and Simulation Study Using Japanese Survey Data," *International Journal of Japanese Sociology,* 22: 143–59.

前田豊, 2014, 「比較対象選択と所得イメージ」『理論と方法』29(1): 37–57.

前田豊・仲修平・石田淳, 2013, 「地位達成の直接的測定の試み──準拠集団に関するインターネット調査結果の分析 (1)」『大阪経大論集』64(2): 161–83.

Manzo, Gianluca, 2009, "Boudon's Model of Relative Deprivation Revisited," Mohamed Cherkaoui & Peter Hamilton eds., *Raymond Boudon: A Life in Sociology, Vol. 3,* Oxford, UK: Bardwell Press, 91–121.

松坂和夫, 1989–90, 『数学読本』(1–6) 岩波書店.

Mcbride, Michael, 2001, "Relative-income Effects on Subjective Well-being in the Cross-section," *Journal of Economic Behavior & Organization,* 45: 251–78.

McDonald, James B., 1984, "Some Generalized Functions for the Size Distribution of Income," *Econometrica,* 52(3): 647–63.

Merton, Robert K., 1957, *Social Theory and Social Structure: Toward the Codification of Theory and Research, 2nd edition,* Gelncoe, IL: The Free Press.（＝ 1961, 森東吾・森好夫・金沢実・中島竜太郎訳『社会理論と社会構造』みすず書房.）

Merton, Robert K. & Alice S. Kitt, 1950, "Contributions to the Theory of Reference Group Behavior," Paul F. Lazarsfeld & Robert K. Merton eds., *Continuities in Social Research: Studies in the Scope and Method of "The American Soldier,"* Glencoe, IL: The Free Press, 40–105.

宮田伊知郎, 2009, 「防げたはずの悪夢？――住宅市場における人種差別と『サブプライム・メルトダウン』」『歴史学研究』851: 37–47.

森博美, 2006, 「合衆国センサス局 American Community Survey について」『統計学』91: 42–45.

Mussard, Stéphane & Patrick Richard, 2012, "Linking Yitzhaki's and Dagum's Gini Decompositions," *Applied Economics,* 44(23): 2997–3010.

大竹文雄・白石小百合・筒井義郎編, 2010, 『日本の幸福度――格差・労働・家族』日本評論社.

尾山大輔・安田洋祐編, 2013, 『改訂版　経済学で出る数学――高校数学か

らきちんと攻める』日本評論社.

Paul, Satya, 1991, "An Index of Relative Deprivation," *Economics Letters,* 36(3): 337–41.

Ravallion, Martin & Shaohua Chen, 2007, "China's (Uneven) Progress against Poverty," *Journal of Development Economics,* 82(1): 1–42.

Reagan, Patricia B., Pamela J. Salsberry, & Randall J. Olsen, 2007, "Does the Measure of Economic Disadvantage Matter? Exploring the Effect of Individual and Relative Deprivation on Intrauterine Growth Restriction," *Social Science & Medicine,* 64(10): 2016–29.

Reyniers, Diane J., 1998, "Deprivation in Heterogeneous Organizations," *Journal of Mathematical Sociology,* 23(1): 59–76.

Riesman, David, 1950, *The Lonely Crowd: A Study of the Changing American Character,* New Haven, CT: Yale University Press.（= 1964, 加藤秀俊訳『孤独な群衆』みすず書房.）

Roemer, John E., 1996, *Theories of Distributive Justice,* Cambridge, MA: Harvard University Press.（= 2001, 木谷忍・川本隆史訳『分配的正義の理論——経済学と倫理学の対話』木鐸社.）

―――, 1998, *Equality of Opportunity,* Cambridge, MA: Harvard University Press.

Runciman, W. G., 1966, *Relative Deprivation and Social Justice: A Study of Attitudes to Social Inequality in Twentieth-century England,* London, UK: Routledge & Kegan Paul.

Ryan, J. W., 2010, "Samuel A. Stouffer and *The American Soldier*," *Journal of Historical Biography,* 7: 100–37.

佐藤嘉倫・尾嶋史章編, 2011, 『現代の階層社会1　格差と多様性』東京大学出版会.

盛山和夫, 2004, 『社会調査法入門』有斐閣.

―――, 2006, 『リベラリズムとは何か——ロールズと正義の論理』勁草書房.

Senik, Claudia, 2008, "Ambition and Jealousy: Income Interactions in the Old Europe versus the New Europe and the United States," *Economica,* 75(299): 495–513.

Shorrocks, Anthony F., 1983, "Ranking Income Distributions," *Economica,* 50(197): 3–17.

Singer, Eleanor, 1981, "Reference Groups and Social Evaluations," Morris Rosenberg & Ralph H. Turner eds., *Social Psychology: Sociological Perspectives,* New York, NY: Basic Books, 66–93.

Stark, O. & S. Yitzhaki, 1988, "Labour Migration as a Response to Relative Deprivation," *Journal of Population Economics,* 1(1): 57–70.

Stevenson, Betsey & Justin Wolfers, 2008, "Economic Growth and Subjective Well-being: Reassessing the Easterlin Paradox," *NBER Working Paper Series,* 14282.

Stewart, Quincy T., 2006, "Reinvigorating Relative Deprivation: A New Measure for a Classic Concept," *Social Science Research,* 35(3): 779–802.

Stouffer, Samuel A., Edward A. Suchman, Leland C. DeVinney, Shirley A. Star, & Robin M. Williams Jr., 1949, *The American Soldier: Adjustment During Army Life,* Princeton, NJ: Princeton University Press.

Subramanyam, Malavika, Ichiro Kawachi, Lisa Berkman, & S. V. Subramanian, 2009, "Relative Deprivation in Income and Self-rated Health in the United States," *Social Science & Medicine,* 69(3): 327–34.

数土直紀，2010，『日本人の階層意識』講談社．

高木貞治，2010，『定本　解析概論』岩波書店．

髙山裕二，2012，『トクヴィルの憂鬱――フランス・ロマン主義と〈世代〉の誕生』白水社．

田代嘉宏, 1995,『初等微分積分学［改訂版］』裳華房.

Taylor, Marylee C., 2002, "Fraternal Deprivation, Collective Threat, and Racial Resentment: Perspectives on White Racism," Iain Walker & Heather J. Smith eds., *Relative Deprivation: Specification, Development and Integration,* Cambridge, UK: Cambridge University Press, 13–43.

Tocqueville, Alexis de, 1835, *De la Démocratie en Amérique,* Paris, France: Michel Lévy.（= 2005, 松本礼二訳『アメリカのデモクラシー　第 1 巻』（上・下）岩波書店.）

―――, 1840, *De la Démocratie en Amérique, t.2,* Paris, France: Michel Lévy.（= 2008, 松本礼二訳『アメリカのデモクラシー　第 2 巻』（上・下）岩波書店.）

―――, 1856, *L'Ancien Régime et la R'evolution,* Paris, France: Michel Lévy.（= 1998, 小山勉訳『旧体制と大革命』筑摩書房.）

富永茂樹, 2010,『トクヴィル――現代へのまなざし』岩波書店.

宇野重規, 2007,『トクヴィル――平等と不平等の理論家』講談社.

和達三樹, 1988,『微分積分［理工系の数学入門コース 1］』岩波書店.

Wise, Tim, 2010, *Colorblind: The Rise of Post-Racial Politics and the Retreat from Racial Equity,* San Francisco, CA: City Rights Book.（= 2011, 脇浜義明訳『アメリカ人種問題のジレンマ――オバマのカラー・ブラインド戦略のゆくえ』明石書店.）

Wodon, Quentin & Shlomo Yitzhaki, 2009, "May Growth Lead to Higher Deprivation Despite Higher Satisfaction?" *World Bank Policy Research Working Paper Series,* 4921.

Wolbring, Tobias, Marc Keuschnigg, & Eva Negele, 2011, "Needs, Comparisons, and Adaptation: The Importance of Relative Income for Life Satisfaction," *European Sociological Review,* 29(1): 86–104.

Yamaguchi, Kazuo, 1998, "Rational-choice Theories of Anticipatory Socialization and Anticipatory Non-socialization," *Rationality and So-*

ciety, 10(2): 163–99.

矢野健太郎・石原繁編,1991,『微分積分［改訂版］』裳華房.

Yitzhaki, Shlomo, 1979, "Relative Deprivation and the Gini Coefficient," *Quarterly Journal of Economics,* 93(2): 321–24.

―――, 1982, "Relative Deprivation and Economic Welfare," *European Economic Review,* 17(1): 99–113.

Yitzhaki, Shlomo & Edna Schechtman, 2013, *The Gini Methodology: A Primer on a Statistical Methodology,* New York, NY: Springer.

与謝野有紀,2012,「社会的福利に対する相対的剥奪度のマクロ的影響」『関西学院大学社会学部紀要』114: 11–21.

あとがき

　本書は，直接的には筆者が研究代表者を務めた 2011–2013 年度科学研究費補助金研究「グローバリゼーション下の不平等社会における相対的剥奪――理論・実証的研究の刷新」（JSPS 科研費 23330171 基盤 (B)）の研究成果の一部である．この研究プロジェクトは，不平等と相対的剥奪の関連を，理論・実証の両面から解明することを目指したものであり，本書でも取り上げたインターネット調査のほか，ネパールにおける質問紙調査や相対的剥奪モデルの実証実験，さらに相対的剥奪モデルの応用と発展など，多様で多産な成果を得た[*1]．本書ではその中でも，筆者が主となって取り組んだ研究の成果をまとめたものである．ゆえに，本書は形式的には「単著」となっているが，母体となった研究プロジェクトにおける有機的連携の成果でもある．

　本書の刊行に至るまでには，様々な方々にお世話になった．

　研究プロジェクトのメンバーでもある髙坂健次先生には，共同研究に共に取り組んでいただいているだけではなく，研究の様々な側面で激励・アドバイスをいただいた．また，単著の出版を熱心に勧めて下さり，共著論文の再録を快く認めていただいただけではなく，刊行までを陰に陽に支えていただいた．先生の励ましがなかったら，本書の刊行はなっていなかったかもしれない．本書の刊行がわずかにでも，これまでのご指導に対する恩返しになっていたら幸いである．

　また，同じく研究プロジェクトのメンバーであり，再録論文の共著者でもある浜田宏氏からいただいた知的刺激と叱咤激励にも感謝したい．大学院時代の先輩でもある浜田氏に数理社会学者として鍛えていただいたことで，今

[*1] その成果の一部は，『理論と方法』29(1) 号特集にまとめられている．

の研究者としての自分がある．

　さらに，研究プロジェクトのメンバーである渡邊勉，中野康人，古川彰，斎藤友里子，松田素二，前田豊，仲修平の各氏にも感謝申し上げたい．分野を超えて実りの多い共同研究ができたことは誠に幸いなことであった．とくに，前田豊氏と仲修平氏には，プロジェクトの実務面でも多大な貢献をいただいたことを感謝申し上げる．

　「相対的剥奪」プロジェクトと連携関係にあったSSPプロジェクト代表の吉川徹氏にも，様々な研究上の機会や拡がりを与えていただいたことを感謝申し上げる．また，階層調査プロジェクトに参加するチャンスを与えていただき，研究上でも様々なアドバイスをいただいた2005年SSM調査研究会代表の佐藤嘉倫氏にも感謝申し上げる．そして，出版に際しての，東京大学出版会・宗司光治氏の心強いサポートにも感謝申し上げる．

　そのほか，内外の研究会・学会で，数多くの方々から有用なコメントを頂戴した．一人一人のお名前を挙げることはできないが，それらにも深く感謝したい．

　最後に，パーソナルなことではあるが，自由な道を進ませてくれた父・実，母・千代子，そして家族として知的にも精神的にも支えてくれた娘たち凜荷・悠荷と，妻でもあり同僚でもある林怡蓉に感謝する．

　なお，本書の刊行に当たっては，2014年度科学研究費補助金・研究成果公開促進費（JSPS科研費265169）の助成を受けた．

2014年8月
石田　淳

索　引

ア

値　176
アトキンソン，アンソニー　94
アーヌソン，リチャード　153
アノミー状態　79–80
アノミー的自殺　77–80
アメリカ・コミュニティ調査　164
『アメリカのデモクラシー』　51
『アメリカ兵』　1, 7
アロン，レイモン　51
石田　淳　157
異質性指数　43
イースタリン，リチャード　81
イースタリン・パラドックス　81, 96, 100, 107
イツハキ，シュロモ　2
イツハキ型相対的満足指数　38, 86
インターネット調査　134–135, 149
SSM 職業大分類　117
SSM 調査（社会階層と社会移動全国調査）　107, 109
SSP-I 調査　129
FK モデル　108
エラボレーション　10

カ

階層意識　107
階層帰属意識　108, 128–129
階層認識　128
確率分布　22
確率変数　21
確率密度関数 (PDF)　22
カクワニ，ナナク　68
仮想的機会調整分析　157–161, 173
可能性 (feasibility)　16–17
関数　176
完全平等線　25–26
機会平等政策問題　157
機会平等の原則　153, 172
機会不平等に起因する相対的剥奪 (IEO-RD)　160–161, 172
　　──によるジニ係数の分解　163–164
　　──による社会的相対的剥奪指数の分解　162
機会変数　159–160, 173
期待の型　8
奇妙な憂鬱　52–55, 75
逆関数　181
　　──の導関数　181
キャントリルの階梯　80
『旧体制と大革命』　54–55
教育達成　168
強パラドックス定理　89, 92–93, 95–96, 101–102
共分散　29
極限値　177
局所第 1 パラドックス定理　65
近代化　49–50
区間　176
　　開──　176
　　半閉（開）──　176

208　索　引

閉—— 176
区分求積法　183–184
グラハム，キャロル　80, 82
クロスビー，フェイ　16–17
経済衰退と相対的剥奪の強パラドックス　92
経済衰退と相対的剥奪のパラドックス　87
経済成長　77
経済成長と相対的剥奪の強パラドックス　89–91
経済成長と相対的剥奪のパラドックス（近代化と相対的剥奪の第 2 パラドックス）　82, 85–86, 101–102
ケトレ，アドルフ　57–58
原始関数　186–187
髙坂健次　15–16, 108
合成関数の微分　180
幸福　78
コーエン，G. A.　153, 155
国民生活に関する世論調査　92, 96–97
個人主義　55–57
個人的相対的剥奪指数　34, 111, 113
　　——にかんする第 1 パラドックス定理　62
　　準拠集団がある場合の——　71–72
　　所得階級がある場合の——　60–61
　　所得分布イメージ上の——　140–141, 146
個人的相対的満足指数　39, 112

サ

サブプライム・ローン　166–167
自己責任　154
『自殺論』　77
自然対数　182
ジニ，コッラド　24
ジニ係数　2, 24, 27–28, 31–32
　　所得分布イメージ上の——　138–139
　　絶対——　28–29, 38

中国における——　83–84
ベータ分布の——　66–67
ジニ平均差　30–31
社会的厚生関数　94–95
社会的準拠枠　8
社会的正義　151
社会的相対的剥奪指数　36–38, 85–88
　　——にかんする第 1 パラドックス定理　64
　　準拠集団がある場合の——　72
　　所得階級がある場合の——　61
社会的相対的満足指数　39–40, 100
集合　175
　　——の要素　175
集団間相対的剥奪指数　61, 63, 69–71, 111
収入満足感　116, 126, 128
収入満足得点　116
周辺環境　153–154
主観的幸福　107, 132
　　——感　144–146
　　——研究　145–146
シュッツ係数　27
準拠集団　9–11, 68, 71–72, 110, 117, 131–137
　　——が存在する場合の第 1 パラドックス定理　74–75
　　——による社会的相対的剥奪指数の分解　72–74
　　——の事後解釈　11, 110–111, 132
準拠枠の可視性　128
準線形関数　89
状況の定義　8
昇進機会　12–15, 42–45
諸条件の平等　52–53, 80
所得階級　59–60
　　——による社会的相対的剥奪指数の分解　63
所得シェア　24

索引　209

所得分布　21–23
所得分布イメージ　137, 146
　　——上の平均所得　138–139, 147
ジラール，ルネ　55
人口シェア　24
垂直比較　100
水平比較　100
スタウファー，サミュエル　1, 7
生活満足感　123, 128
生活満足度　92, 96–97
生活満足得点　123
　　中国における——　83–85
正当な剝奪　16–17, 152
盛山和夫　153
世界価値観調査　82–84
世界幸福データベース　97
積分可能　185
積分する　188
積極的従軍率　8
羨望　54
総合的所得評価指数　112
相対所得仮説　107
相対的剝奪　1, 8–9, 58
　　——曲線　41
　　——社会　49
　　——の大きさ　17, 33, 37
　　——の強さ　17
　　——の頻度　17, 37
　　自己本位的——　17
　　友愛的——　17
相対的剝奪指数　2–4, 151
　　準拠集団がある場合の——　111–112, 162

タ

台　66
対数正規分布　114
　　——の累積分布関数　114

第 2 パラドックス定理　86–87
タイプ　154–156
他者比較メカニズム　107, 110, 132
他者比較モデル　108, 111
達成変数　159–160
他人志向型　55
単調減少　180–181
単調増加　180–181
値域　176
置換積分法　189
チャイナ・パズル　82, 87–88
中国における平均所得　83
デイヴィス，ジェームス　43
定義域　176
定積分　185
　　——の上端・下端　185
デモクラシー　51–52
デュルケム，エミール　77
δ 区間モデル　107, 112
ドゥ・ヴァール，フランス　18
ドゥオーキン，ロナルド　153
導関数　179–180
　　指数関数の——　181–182
　　対数関数の——　181–182
同値類　153–154
トクヴィル，アレクシス・ド　51
努力量　156

ナ

ネイピア数（自然対数の底）　181

ハ

媒介変数　9
　　——としての相対的剝奪　10–11
ハッキング，イアン　57–58
浜田宏　107, 157
パレート改善　94
比較関数　33–34, 111, 162

微分可能 178
微分係数 178
微分する 179
微分積分学の基本定理 187
微分法の連鎖律 180
部分積分法 189–190
平等 151
平等化と相対的剥奪のパラドックス（近代化と相対的剥奪の第1パラドックス） 51, 54, 75
ビーンホーフェン，ルート 97
ファラロ，トーマス 108
不幸な成長パラドックス 80–81
不公平感 17
不定積分 186–187
ブードン，レイモン 15
不満のある成功者 82
古市憲寿 92
プロスペクト理論 140
ブロックマン，ヒルケ 82
分位数 154
ヘイ，ジョン 32
平均人 57–58
平均値の第1定理 90–91
平均変化率 177

ベータ分布 66
偏微分的な分析 4
飽和階級社会 65–66

マ

マキシミン 157, 159
マートン，ロバート 9

ヤ

優位 154–156
欲望の三角形 55

ラ

ランシマン，W. G. 15, 151–152
ランシマン条件 16, 33
ランバート，ピーター 32
リースマン，デイヴィッド 55
リーマン和 185
累積分布関数 (CDF) 22
連続 177–178
ローマー，ジョン 153
ローマーの機会平等政策モデル 155–158
ローレンツ曲線 24–25
　　一般化—— 26, 36–37
ローレンツ優位 27

著者略歴

1976 年　京都生まれ
1999 年　横浜市立大学国際文化学部人間科学科卒業
2004 年　関西学院大学大学院社会学研究科社会学専攻博士
　　　　 課程後期課程単位取得退学
現　在　大阪経済大学人間科学部准教授
　　　　 博士（社会学）

主要著作

「認識の効率性と階層イメージ」（『理論と方法』18(2)，2003年，所収）

「ブール代数分析による社会的カテゴリーの研究」（『ソシオロジ』52(1)，2007 年，所収）

「望ましい収入はどう決まるか？」（共著，斎藤友里子・三隅一人編『現代の階層社会 3　流動化のなかの社会意識』東京大学出版会，2011 年，所収）

「戦争と人口構造」（荻野昌弘編『叢書戦争が生み出す社会 I　戦後社会の変動と記憶』新曜社，2013 年，所収）

相対的剝奪の社会学
不平等と意識のパラドックス

2015 年 1 月 30 日　初　版

［検印廃止］

著　者　石田　淳（いしだ　あつし）
発行所　一般財団法人 東京大学出版会
　　　　代表者　渡辺　浩
　　　　153-0041 東京都目黒区駒場 4-5-29
　　　　電話 03-6407-1069　Fax 03-6407-1991
　　　　振替 00160-6-59964
印刷所　三美印刷株式会社
製本所　誠製本株式会社

Ⓒ2015 ATSUSHI ISHIDA
ISBN 978-4-13-056108-2　Printed in Japan

JCOPY 〈(社) 出版者著作権管理機構 委託出版物〉
本書の無断複写は著作権法上での例外を除き禁じられています．複写される場合は，そのつど事前に，(社) 出版者著作権管理機構（電話 03-3513-6969，FAX03-3513-6979，info@jcopy.or.jp）の許諾を得てください．

現代の階層社会 [全3巻]　　　　　　　　　A5 各4800円
[1] 格差と多様性　　佐藤嘉倫・尾嶋史章 [編]
[2] 階層と移動の構造　　石田　浩・近藤博之・中尾啓子 [編]
[3] 流動化のなかの社会意識　　斎藤友里子・三隅一人 [編]

日本の不平等を考える　　白波瀬佐和子　　　　　46・2800円

少子高齢社会のみえない格差　　白波瀬佐和子　　A5・3800円

変化する社会の不平等　　白波瀬佐和子 [編]　　46・2500円

格差社会の福祉と意識　　武川正吾・白波瀬佐和子 [編]　A5・3700円

学歴と格差・不平等　　吉川　徹　　　　　　　46・2600円

社会階層　　原　純輔・盛山和夫　　　　　　　46・2800円

ここに表示された価格は本体価格です．御購入の際には消費税が加算されますので御了承下さい．